早稲田社会学ブックレット
[社会調査のリテラシー 4]

天野 徹

部分を調べて全体を知る
——社会統計入門

学文社

はじめに

　本書は，社会調査士をめざす諸君のうち，記述統計学の知識を一通り身につけた方を対象として，統計的データをまとめたり分析したりするために必要な，基礎的な統計学的知識を身につけてもらうために，推測統計学の基本的な考え方と統計的検定の手法について，文科系の諸君にもわかりやすいように，歴史的エピソードや検定モデルの詳細な解説を加えて解説したものである．本書で扱う内容は，社会調査士認定科目のD科目に対応している．

　そもそも統計的検定とは，すべての社会事象を確率現象とみなし，検定仮説の有効性を，コイン投げの確率分布や測定誤差の確率分布のモデルを用いて，厳密に評価しようとするものである．したがって，推測統計学を理解するためには，数学的な知識や，独特の用語法に習熟する必要がある．しかしながら，文系の学生にとっては，そのいずれも馴染みのないものであるから，「単位を取ったものの，手法の意味が理解できなかった」とか，「独特の言い回しを使いこなせないうちに，講義が終わってしまった」という方が非常に多かったと思われるし，これからも大量に発生することが予想される．こうした事態は，統計学の知識を教える教員にとっても，学ぶ側の学生にとっても，不本意なことであろう．

　本書では，推測統計および統計的検定の考え方を理解しやすいように，とくにわかりにくいと思われる概念や用語については歴史的なエピソードを交えながら解説し，意味の側から理解してもらうよう，心がけた．また，統計的検定に独特な言い回しについては，手法ごとに基本的なパターンを示し，例題に対する解答例を示している．本書を活用することにより，教員も学生も五里霧中の状態を脱し，統計学の講義および学習の時間を，より有意義で効率的なものにできるのではないかと

思う．

　本書では，推測統計の基本的な考え方から，検定の論理と用語法，基本的な検定モデルとその応用についての解説を行っている．本書で扱っている手法を応用すれば，基本的なレベルのデータ分析ができるはずであるが，より高度な分析手法を習得したい方は，「社会調査のリテラシー　5」に進まれることを期待したい．

　また，本書に収録されている内容のうち，個々のトピックスについてより深く学びたい諸君には，拙著『文系学生のための社会統計学のたしなみ』『統計学の想像力』および『社会統計学へのアプローチ』の一読を勧めたい．本書は，これら，過去の著作のエッセンスを纏めなおし，散見される誤まり，誤植を修正して作成したダイジェスト版のようなものだからである．社会学を学ぶものにとって，確率統計の理論は単なる手法にすぎないのかもしれないが，ひとつの手法にもさまざまな歴史や人生，思いがこめられているわけで，そうしたことを知ることにより，数字の解析に厚みが出てくるのではないだろうか．あわただしい情報社会に生きるわれわれにとって，実はそれこそがもっとも重要なことではないかと思う．

　本書のなかには，統計手法を学び教えていくなかで，筆者自身が発見した知見や考案した解釈が随所に盛り込まれている．こうしたささやかな工夫が，読者諸君の理解の助けになれば，筆者にはこれに勝る喜びはない．本書が単に統計学の授業の教材としてだけでなく，調査実習や卒業研究などデータ分析の現場で読者諸君の手元に置かれ，有効に活用されることを，心から願っている．

　　2008 年 3 月

著　者

目　　次

第1章　記述統計学から推測統計学へ　　　　　　　　　　　　5
　1.1　統計学における推測とは〜なぜ推測が必要か〜 ・・・・・　5
　1.2　標本はどうやって作るのか〜母集団，標本，標本抽出〜　　8
　1.3　母集団と標本の統計学的関係〜頼りになります，中心極限定理〜　　　　　　　　　　　　　　　　　　　　　　11
　1.4　統計的な推測の方法とは〜点推定と区間推定〜 ・・・・　14
　1.5　今度は比率を推測してみよう〜正規分布を応用して〜・・　17

第2章　統計的検定の考え方　　　　　　　　　　　　　　　　21
　2.1　統計的検定とは ・・・・・・・・・・・・・・・・・・　21
　2.2　母集団と標本の解釈について ・・・・・・・・・・・・　23
　2.3　区間推定の考え方（「確信区間」と「信頼区間」）・・・・　25
　2.4　統計的に「有意」とは？〜有意性検定の考え方〜 ・・・　26
　2.5　検定結果の解釈で注意しなければならないこと〜避けられない2種類の過誤〜 ・・・・・・・・・・・・・・・・　30

第3章　平均値の差の検定I（大標本の場合）　　　　　　　　33
　3.1　ひとつの平均値の差の検定 ・・・・・・・・・・・・・　33
　3.2　検定の理論と手続き ・・・・・・・・・・・・・・・・　36
　3.3　2つの平均値の差の検定 ・・・・・・・・・・・・・・　41
　3.4　この例における母集団と標本とは ・・・・・・・・・・　43

第4章　比率の差の検定　　　　　　　　　　　　　　　　　　47
　4.1　「母比率を推測する方法」とは ・・・・・・・・・・・　47

4.2	標本規模の決定方法	49
4.3	2つの比率の差の検定	52
4.4	一組の標本における比率の差の検定	55

第5章　平均値の差の検定 II（小標本の場合） 59

5.1	小標本理論とは—不偏分散と自由度—	59
5.2	小標本の平均値の確率分布とは—スチューデントの t 分布—	60
5.3	ひとつの平均値の差の検定（小標本の場合）	61
5.4	2つの平均値の差の検定（小標本の場合）	63

第6章　χ^2 分布とその応用 67

6.1	χ^2（カイ二乗）検定とは	67
6.2	カイ二乗検定の統計モデル	69
6.3	検定の手続き	71
6.4	例題による解説	72
6.5	ハバーマンの残差検定とは	73
6.6	ハバーマンの残差検定の検定量の求め方	74
6.7	検定の手続き	75

おわりに　77

参考文献　78

第1章 記述統計学から推測統計学へ

1.1 統計学における推測とは〜なぜ推測が必要か〜

 すでにご承知のように，対象についてできるだけ多くのデータを集め，その全体的な特性を記述する，というのが，**記述統計学**の基本的な考え方である．分布の形を把握し，その特徴を**基本統計量**によって理解する．そのうえで，対象全体の傾向について言及するというのが，そもそも統計学がめざしたものであった．国勢調査をはじめとする大規模悉皆調査は，「国の姿」を明らかにするためにはじめられ，国家の政策をはじめとするさまざまなアクションの基礎データとなったのである．

 そして，大量データの分布を理解する際にもっとも有効とされたのが，**正規分布**と**二項分布**であった．これらの分布に当てはめることができない分布は，いくつかの正規分布の混合したものとみなされ，適当に分解された後で解釈が加えられた．有名な**ピアソン系の分布曲線群**も，もともとは，たとえば変態の前後の状態におけるカニの鋏みの大きさについての大量のデータという具合に，異なる平均値と分散をもつ2つの正規分布が混合したものと考えられたのである．記述統計学は，大量に集めたデータをいくつかの正規分布に分解し，それぞれの平均値や分散を確定したうえで，それらの集合としてデータ全体の性質を理解するという性格のものだったといえるだろう．「なるべく大量のデータを集めて整理し，分布の型を探り出して，その全体的な傾向を**スカトス**

ティックな文脈で記述する」．これが記述統計学の内容であり，少なくともその時点までは，統計学の役割はそれで十分と考えられていたのである．

しかし現実には，大量のデータを集めようとしても現実的に不可能な領域が少なくなかった．例としては，天体観測のデータや土地の測量のデータ，ビールの品質管理データなどに加えて，新薬の効き目についての検証データや，大量生産された製品に関する破壊しなければ得られない品質データなどがそれにあたると考えられるが，他にもさまざまなケースが考えられるだろう．もちろん，読者諸君がめざす**社会調査士**が携わることになるであろう**社会調査データ**も，多くの場合，この種のデータということになる．

ここで重要なことは，現実的な制約により対象について得られるデータが小規模なものに限定されてしまっていても，調査対象について全く何のデータも得られていない状態と比較すれば，状況は遥かにマシということである．たとえ限定されているとはいえ，対象についての情報が得られているのだから，それをもとにして対象全体の状態を推測することができるからである．ただし，この推測を統計学的に意味のある形で行うためには，現実に入手可能なデータの特徴と，対象全体の分布状況に関する特徴との関係を，正しく把握しておく必要がある．この点をおろそかにしてしまうと，時間とコストをかけて収集した対象についてのデータが，反対に，対象全体についての理解を誤らせる危険があるからである．

では，統計学的に意味のある推測を行うためには，どのようなポイントがあるのだろうか．本章では，**推測統計学**の入門者のために，まずはその点について詳しく説明していくことにしたい．

喫茶室

社会現象についての確率分布の応用について I

自然科学のくびきから正規分布と二項分布を解き放ったのは,天文学者のケトレーだった.彼は,アイルランド人の兵士の胸囲のデータが公開されると,それをもとにヒストグラムを作成し,実際の胸囲の分布が「コインを 999 回投げたときに得られる正規分布」によって近似されることを示しながら,次のように述べた.

「もし,人間の体を測ることに熟達していない人が,典型的な身長の兵士の胸囲を 5,738 回にわたって測ったならば,その際に得られた 5,738 個の測定値の分布が,5,738 人のスコットランド兵についての測定値よりも,規則正しいものになるとは必ずしも言い切れない.したがって,これら二組のデータが,それぞれ測定法が明らかにされないままに与えられたとすると,どちらが 5,738 人の兵士から得られたもので,どちらが技術の未熟な人が 1 人の兵士を繰り返し測定することによって得られたものかを言いあてるのは,至難であろう.」

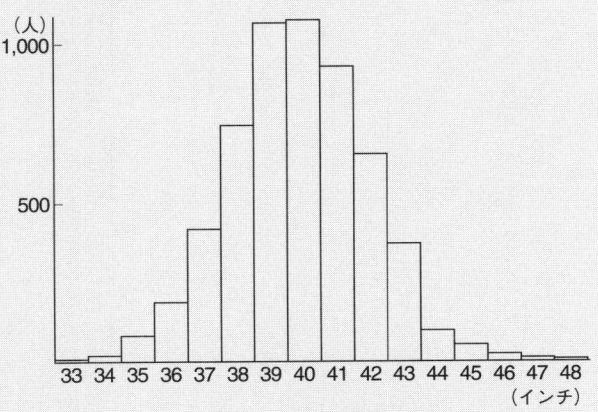

図 1　スコットランド兵士の胸囲の度数分布
出所) 吉田忠 (1974) からの引用. Quetelet, *Lettes*, p.276.

1.2 標本はどうやって作るのか〜母集団，標本，標本抽出〜

　正規分布が，天体観測に関するデータからいかにして誤差を取り除くかという問題との格闘の過程において発見されたことは，あまりにも有名な事実である．その当時，すでに多くの天文学者たちは，「独立して観測された複数のデータの平均値」が，真の値のもっとも良い推定値になることを，経験的に知っていた．しかし，その理由は誰にもわからなかった．その謎を解くために，一つひとつの観測値に含まれる**誤差**の大きさの出現確率分布として正規分布は導き出され，それは当時の天文学者の経験的な知識の正しさを裏付けるものとなった．

　各観測値に含まれる**誤差の出現確率**は，誤差分布＝正規分布にしたがう性質のものであるから，一群の観測値を**ヒストグラム**化すれば，当然正規分布で近似できるはずである．ここで重要なことは，観測を重ねることによって誤差を含んだ観測値を蓄積するというプロセスが，正規分布にしたがう誤差を含むさまざまな値からなるデータ群のなかから値をひとつずつ無作為に取り出して記録するというプロセスと，統計学上は全く同じ意味になる，ということだ．

　さて，天体観測を「統計的に全く同じ意味をもつプロセス」に置き換えたのには，実は非常に重要な意味がある．なぜならば，このプロセスには，**標本抽出**を理解するのに必要な要素が含まれているからである．標本抽出の理論では，この例における「正規分布にしたがう誤差を含むさまざまな値からなるデータ群」にあたるものを，とくに「**母集団**」と呼び，これに含まれるすべての数値が等確率で選ばれるように管理しながら，そのうちのいくつかを取り出すことを，とくに「**標本抽出**」と呼んでいる．こうして抽出された数値の集合はとくに「**標本**」と呼ばれ，

統計的には母集団がもつ特性をほぼ正確に反映していると考えることができるのである．

　ただし・・・どれだけ「すべての数値が等確率で選ばれるように管理」して標本抽出を行ったとしても，作成された標本のすべてが，母集団の特性を正しく反映したものとなるわけではない．したがって，標本から母集団の特性を推測するにあたっては，**無作為抽出**で標本を作成するという条件の下において，母集団と標本の間にどのような関係が存在するのかということについて，確率統計の理論に基づいて正しく認識しておくことが必要となる．

喫茶室

社会現象についての確率分布の応用について II

前出のケトレーは,さらに次のように考えを進めた.コインを投げると,裏表どちらかが出るが,いずれが出るかはたくさんの〈微細な原因〉の産物であると考えられる.そしてケトレーによれば,人間の胸囲もこれと同じく,大量の独立した〈微細な原因〉群の産物であると考えることができる.そしてわれわれは,相互に独立した原因の集積が,多くのケースにおいてガウス曲線(正規分布)を描くことを"すでに"知っている.このことから,人間の胸囲がどんな曲線を描くかを想像することは,もはや難しくないであろう.

ケトレーによる統計学的認識方法の成功は,さまざまな社会現象を,スコットランドの兵士の脅威と同様の方法で認識できる可能性を,示すものだった.そして,それはまさに,それまでの生物および社会現象に対する認識を一変させることとなった.

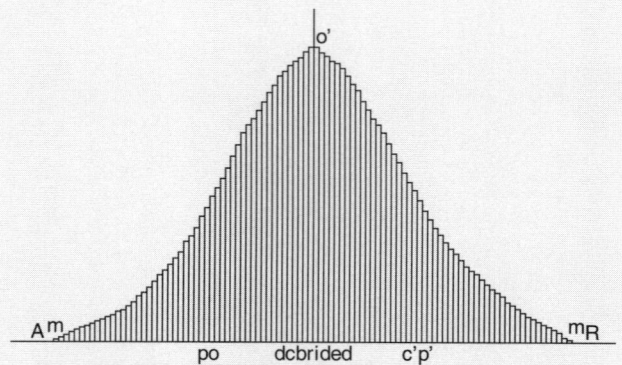

図2 兵士の胸囲と比較されたケトレーの二項分布

出所)ハッキング著,石田ほか訳(1999)よりの引用.「書簡」(1846)396頁に再掲されたもの.コイン投げでなく,白と黒の球を999回取り出す作業を何度も繰り返して作成された.

1.3 母集団と標本の統計学的な関係～頼りになります，中心極限定理～

　記述統計学の目的は，調べたい対象に対してできるだけ大量のデータを収集し，その全体的な傾向を探り出した上で，いくつかの統計的な指標を用いてその特徴を記述するということであった．

　先に触れた正規分布は，**平均値**と**最頻値**と**中央値**が一致するという性質をもっている．現実の世界において得られるあまたの種類のデータのなかで，正規分布によって近似できるものはむしろ稀である．しかし，ある対象に関するデータが正規分布にしたがうことが証明できさえすれば，その分布の代表値には平均を採用すればよい．ただし，正規分布で近似できることがわかっているものの，平均値がわからない母集団があるという場合には，話は少し難しくなる．

　この母集団から十分な大きさの標本を無作為抽出して**標本平均**を求めることは，さほど困難ではないかもしれない．しかし，同じ母集団から同じ規模の標本を何回も作成した場合であっても，標本抽出には無作為抽出の手法を用いるのであるから，それぞれの標本の内容は微妙に異なってしかるべきであり，したがってそれぞれの標本の平均値がすべて等しくなるとは考えられない．したがって，正規母集団から無作為抽出して作成した標本であっても，標本平均を**母平均**と全く同じ値であると考えることは危険である．

　それでは，どのようにすれば，無作為抽出によって作成した標本から母集団に関して信頼できる情報を得ることができるのか．実は，正規母集団と無作為抽出によって得られた標本との間には，次のような関係があることが知られている．

> 平均値 μ, 標準偏差 σ の正規母集団から，無作為抽出によって作成された大きさ n の標本の平均値 m の出現確率は，平均値 μ, 標準偏差 $\dfrac{\sigma}{\sqrt{n}}$ の正規分布にしたがう． **（中心極限定理）**

これは，「平均値 μ, 標準偏差 σ の正規母集団」から「大きさ n の標本」の無作為抽出を繰り返し，それぞれの標本の平均値 m を計算して，標本平均全体のヒストグラムを作れば，「平均値 μ, 標準偏差 $\dfrac{\sigma}{\sqrt{n}}$ の正規分布」で近似できることを意味している．つまり，標本は母集団の特性そのものを正確に反映しているものではないが，ある一定の確率論的な法則にしたがって反映しているということである．

それでは，正規分布によって近似できない母集団の場合，どのようにすれば良いのだろうか．中心極限定理は，そのような母集団についても，同じ規模の標本から得られた平均値の出現確率は正規分布にしたがうとしている．しかしながら，そのような分布の場合，平均値と中央値と最頻値は一般的に一致しないと考えるべきなので，どの値が代表値として用いるのにもっとも相応しいかについては，慎重に検討する必要があるだろう．

正規分布で近似できない,さまざまな確率分布のカタチ

　本文で説明したように,現実世界では正規分布によって近似できる分布をもったデータは,むしろまれである.読者諸君が実際に得られたデータを用いてヒストグラムを作成した場合,以下のような分布に出くわしたとしても,なんら不思議ではないが,正規分布と同様のデータの処理や解釈の方法では,評価や判断を誤る可能性があることを認識しておこう.

　これら非正規分布を示すデータにおいては,平均値と最頻値と中央値は一致せず,分散や標準偏差の値の特性値としての有効性には限界がある.そのような場合には,はずれ値の適切な処理の仕方について検討し,平均値の代わりに最頻値や中央値を使う,標準偏差の代わりに中央散布度を使うなどの工夫が必要となる.

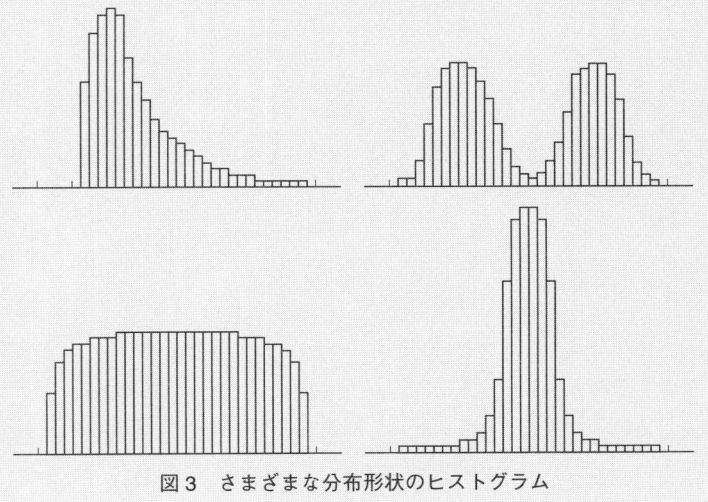

図3　さまざまな分布形状のヒストグラム

1.4 統計的な推測の方法とは〜点推定と区間推定〜

　さて次に，日本人とアメリカ人の身長というような，特性の異なる2つの集団についてのデータを比較する場合を例に，それぞれの集団の代表値を決定するプロセスについて考えてみることにしよう．

　日本人とアメリカ人の身長を比較する場合，日本人側の代表値として，たとえば身長2メートル9センチのジャイアント馬場さんのような極端に背の高い日本人を引き合いに出したとしたら，それは妥当性をもたないし，アメリカ人も納得しないだろう．つまり，異なる民族の身長を比較するという課題を与えられた場合には，まず最初に，それぞれについて適切な代表値を選択し，算出したうえで，代表値同士を比較するという手続きを踏まなければならない．幸い，同じ人種の成人男子の身長は正規分布することがわかっており，正規分布には平均値と最頻値と中央値が一致するという特性があるから，代表値の選択と算出は比較的容易であり，その結果が妥当性を欠くものになるとは考えにくいだろう．

　しかし，仮に両国の成人男子の平均値がわかっていないとすれば，両国において十分な大きさの標本を無作為抽出によって作成し，抽出された人びとの身長を測定して，その平均値から両国の成人男子の平均身長を推測するという手続きを踏まなければならない．そして，ここで問題になるのは，標本の規模がどんなに大きくても，それは母集団そのものではないのだから，標本平均そのものをもって母平均の値と決め付けることには，果たしてどの程度の妥当性があるのか，ということであり，仮にそれが適切ではないとするならば，われわれにはどのようなことが可能なのか，ということであろう．

まず第一に，多数の標本を無作為抽出によって作成するとすれば，母集団から抽出される標本の内容は，抽出のたびにそれぞれ異なったものになるはずであるから，そのなかのひとつの標本の平均値を特別扱いして母集団の平均値とするのは，適切ではない．しかしながら第二に，無作為抽出によって作成された標本の平均値の出現確率は，母集団と同じ平均値 μ と，母集団の標準偏差 σ を標本規模の平方根 $\sqrt{n}$ で割った $\frac{\sigma}{\sqrt{n}}$ を標準偏差とする正規分布にしたがうことがわかっているのだから，この性質を用いることで，「ある一定の確率で母平均が存在すると想定される範囲」を特定することは可能である．正規分布は，平均値を軸として左右対称であるから，その範囲は確率の大きさに応じて，平均値の左右に等距離となる形で定義することができるだろう．

統計学では，標本から得られた値をもって母集団の特性値そのものを推定することを**点推定**．標本から得られる値をもって母集団の特性値が一定の確率で存在すると想定される範囲を推定することを**区間推定**と呼んでいる．点推定によって得られる値はただひとつの値であるから，単純でわかりやすく優れているようにも思われるが，それが母平均と一致すると単純に思い込んでしまうと，判断を誤る危険性が高い．これに対して，区間推定はある一定の確率で母数が存在すると思われる範囲を推定するのだから，推定の結果を理解し活用するには確率統計の知識が必要となるものの，予測が外れる危険性はずっと少なくなるし，その危険を確率論的に管理することが可能である．こうしたことから，統計学では点推定よりも区間推定の方が，より優れているとされる．

なお，正規分布にしたがう標本においては，$\mu - 1.96\sigma$ と $\mu + 1.96\sigma$ の間の区間に全体の **95%** のデータが含まれ，$\mu - 2.575\sigma$ と $\mu + 2.575\sigma$ の間の区間に全体の **99%** のデータが含まれることが知られている．

喫茶室

シューハートのノーマルチップス

　正規分布から導かれるさまざまな分布の性質を理解する上で必要な実験を行うために考案された道具のひとつに，シューハートのノーマルチップスがある．これは，横 1.5cm，縦 3cm に切った段ボール紙の紙片 998 枚に，番号を記入したものである．

　このようにして作られた 998 枚のチップは，近似的に，$\mu=30$，$\sigma=10$ の正規分布を示す．これらのチップが入った箱から目隠しをして 1 枚のチップを取り出せば，そのチップに記された数値は，$\mu=30$，$\sigma=10$ の母集団から無作為抽出したひとつの値とみなすことができる．

　たとえば，この箱から 4 枚のチップを取り出して（ただし「復元抽出」）数値を記録するという実験を 1,000 回繰り返して各々の平均値を計算してヒストグラムを作れば，そのグラフは平均値 30，標準偏差 $\frac{10}{\sqrt{4}}=\frac{10}{2}=5$ の正規分布で近似できるはずである．また，16 枚のチップの場合には，標準偏差は $\frac{10}{\sqrt{16}}=\frac{10}{4}=2.5$ に，25 枚のチップの場合のそれは $\frac{10}{\sqrt{25}}=\frac{10}{5}=2$ になるはずである（中心極限定理）．

　ここから，標本の規模を大きくすればするほど，母平均が存在する区間を推定する際の幅を狭くすることができ，したがって，標本の規模が大きくするほど推定の精度が増すということが理解できるだろう．

　しかし残念なことに，n の規模が大きくなるにしたがって，標本の数の増加数と推定の精度の上昇の度合いの比率は，次第に減少するという性質がある．標本規模が増せばそれだけ，調査に必要な時間と費用も増大するから，調査結果の信頼性と調査にかかるコストの折り合いを付ける上では，このあたりの事情も十分に考慮しておく必要があるだろう．

1.5 今度は比率を推測してみよう～正規分布を応用して～

世論調査は民主主義社会において民意を知るもっとも有力な手段のひとつであり，新聞やニュースでは，ことあるごとに内閣支持率などが公表される．当然，各調査母体は慎重に**サンプリング**を行い，集計を行っているものと思われるが，調査主体によって数値が微妙に異なるのが常で，各社の数値がピタリと一致することはまずありえない．

観測や測定と同じく，こうした調査でも，標本から得られた値を元に母集団の特性値（この場合は**母比率**）を推測しているわけだが，どうしたわけか，報道で取り上げられる数値は大抵の場合点推定の結果だけで，区間推定の結果について触れられることはまれである．しかしこの場合も，母集団から標本を抽出して（世論調査の場合は，**単純無作為抽出**ではなく，**層化抽出法**や**層化多段抽出**が採用されることが多い），それから得られた特性値をもって母集団の特性値を推測するのであるから，点推定の値だけによって母比率を決めてしまうと，判断を誤る可能性が高い．したがって，推測統計学をきちんと学んだ人間であれば，たとえば，内閣支持率が 42% で不支持率が 43% という情報しか得られていない場合には，不支持率が支持率を上回ったと即断することが，いかに愚かなことであるかが理解できなければならないのである．

では次に，比率の推定の場合の点推定と区間推定の方法について紹介することにしよう．

まず最初に，比率とは，たとえば内閣支持率であれば，「はい」と「いいえ」という選択肢のなかから「はい」を選んだ人の割合ということになるが，母集団（この場合は日本国における有権者全体）における支持率を仮に P であるとすれば，無作為抽出によって得られた標本における

支持率 p も，これと同じ数値になることが期待される．つまり，日本国民全体から無作為にひとりだけを選んで内閣を支持するか否かを質問した場合，その人が支持すると答える確率は p である，と考えることができる．

しかし，現実の人間の数は整数で数えるしかないから，ひとりの人間に意見を聞いても支持率は計算できない．コインを投げて表が出る確率が2分の1とわかっていても，1回の試行で得られるのは表か裏のいずれかが1回でることだけであって，そこから2分の1という数値を引き出すことができないのと同じである．コイン投げであれば，10回，100回，1000回と試行回数を増やすことにより，表が出た回数の比率を求めることができる．調査の場合も同様で，標本の数 n を増やしていくことにより，そのなかで支持と表明した人の割合を計算することができるのである．

ただし，ここで気を付けなければならないのは，たとえ1,000回という大きさの試行あるいは標本であっても，それはただ1セットのデータにすぎず，無作為抽出によって同じ母集団から同じ規模の標本をいくつも作成した場合には，それぞれの標本から得られる比率の値は微妙に異なったものになると考えられることである．このようにして，各標本から得られた度数や回数，あるいは比率の値をヒストグラム化すれば，**形状面**では正規分布で近似できるにもかかわらず，**内容面**では全く異なる特性をもった確率分布が得られる．

コイン投げで表が出る回数や比率の分布の類は**二項分布**と呼ばれ，試行回数 n，表が出る確率は p，表が出ない確率は q という文字で表されるのが通例である．$p < 0.5$ で $np > 5$ の二項分布は正規分布で近似できることが知られている．このとき，回数および度数の生起確率分布の平均値 μ（=**期待値**）は試行回数と比率を乗じた数 np であり，標準偏差は $\sqrt{npq}$ である．また，比率の生起確率分布では，平均値は比率 p，

標準偏差は $\sqrt{pq/n}$ となる．したがって，比率についても，標本から得られた比率 p を μ，n と p と q を用いて計算された $\sqrt{pq/n}$ を σ とおいて先に紹介した正規分布における区間推定の式に当てはめることにより，95% および 99% という確率に応じた区間推定を行うことができる．

喫茶室

社会現象についての確率分布の応用について Ⅲ

パリ当局から司法統計の数字が発表されると，ケトレーはすぐさまこれを検討し，「犯罪者の数が毎年一定であり，諸犯罪の対人口比もまた毎年ほとんど変化していない」という事実を見出している．国家予算案よりもはるかに規則正しい断頭台，徒刑場，刑務所用の支出．ケトレーのみるところによれば，社会は恐ろしいほどの正確さで，犯罪を再生産していたのだ．

「社会こそが犯罪を準備する．有罪になった人は，その使命を果たす道具に過ぎない．断頭台の犠牲者は，ある意味では社会の罪を贖う犠牲者なのである．彼の犯罪は，彼自身がおかれた状況の産物なのである．」(ケトレー)

「不慮の事故，不安定な傾き，人生の不確実性，人間の精神や諸環境の揺らぎにもかかわらず，それらから生じる出火数，難破数，死亡数は重力と同じように安定しており，特定の範囲（これについては確率計算により予め算出できる）内でだけ，変動するような法則にしたがっている．これは犯罪や他の意図的な行為にも当てはまる．つまり犯罪行為そのものが，法則にしたがっているのである．」(ウィリアム・ファー)

ケトレーやファーは，こうした統計法則を社会決定論の根拠と考え，むしろ積極的に利用しようとした．彼らは，犯罪，疾病，売春，社会不安を支配する統計法則を発見し，それらの法則が当てはまるために必要とされる条件を見つけることができれば，これらの病理的現象を改善できると考えたのであった．

出所）イアン・ハッキング著（1999）

第2章 統計的検定の考え方

2.1 統計的検定とは

統計的検定とは,一言でいえば,**標本から得られた数値に基づいて母集団の特性値を比較する方法**のことである.第一章で紹介した推測統計学の基本概念を用いて,その基本的な手順を説明すれば,大略次のようになる.

① まず,調査仮説に対応した**検定仮説**を立てる.
② 適切な**母集団**から,十分な**信頼性**を確保できる規模の**標本**を抽出する.
③ 標本を基に,**母数**の推定(**点推定・区間推定**)あるいは**検定量**の算出を行う.
④ 母数の推定値や検定量の**有意確率**の値に基づいて,検定仮説の**妥当性**を評価する.

われわれは普段から,さまざまなことについての**意思決定**を行いながら,日常生活を送っている.その多くは,「この場合にはこうするに決まっている」あるいは「この場合はこちらを選ばざるを得ない」という類のものと思われるが,こうしたケースについては,とくに意思決定を行ったという意識がもたれることはまれであろう.

すべてを見通す能力をもった神様と違って,情報量と情報処理能力に大きな限界があるわれわれ人間の判断は,常に誤りの危険を孕んでいる.そして,個々の意思決定に含まれる誤りの危険の大きさは,それぞ

れ異なったものになる．ただし，意思決定についての評価は，常に「正しい」か「誤り」の2種類だけで，中間はない．極端にいえば，「誤った判断」のために命を落としてしまったあとで，「あの時点におけるあの判断は何％は正しかった」と言ったとしても，死んでしまった当の本人が生き返ることはないからである．

さて，確率統計では，統計的意思決定の単純なモデルとしてコイン投げのゲームを例にすることが多い．コイン投げは，「1回のゲームでは，表か裏のいずれかひとつしか出ない」にもかかわらず，「ゲームを十分な回数繰り返せば，表が出る回数と裏が出る回数がほぼ半々になる」という意味で，**確率事象**についての確率論的判断の性質をわかりやすく説明することのできる，適切な事例だといえる．「個々の事象についての決定論的な言明」を行わず，「多数の事象についての**集合的な規則性**」について述べるというのが，「**スカトスティック**（確率論的）な言説」の特徴だからである．意思決定に先立って「判断を誤る危険」の大きさがわかっていれば，それを知らないときに比べて，より質の高い選択を行うことができるだろう．そして，統計的検定は，意思決定に先立って「判断を誤る危険」の大きさを，統計モデルを用いて評価することにより，よりよい判断を行おうとする試みなのである．

本章では，統計的検定の具体的な手法の紹介に先立って統計的検定の考え方についての解説を行うとともに，先に紹介した推測統計学の基礎概念についての，より詳細な説明を行うことにしたい．統計的検定は数学的な手法であるから，どのような意味づけを行ったとしても，客観的な結果は同一なものとなるはずである．しかしながら，社会学とは「意味」や「価値」を扱う学問であるから，社会調査を行う者は，統計データの分析という一見客観的にみえる作業がもつ意味についても，十分に認識しておかなければならないのである．

2.2　母集団と標本の解釈について

　本書で初めて母集団と標本という言葉を知った読者諸君のなかには，それらが何を意味しているか，具体的には理解できていない方も多いことと思う．さらに，前章では数学的な観点から母集団と標本の関係について解説したが，われわれが社会調査のために行う標本抽出は，通常1回きりなのだから，先の説明は理論モデルの上でのことであって，それをそのまま現実に適用することの是非については，よく考えておく必要がある．そこでここでは，その点について，より深く言及することにしたい．

　まずここに，実際に破壊検査を行わなければ品質の確認ができないような，大量生産システムによって作り出された製品があるものとしよう．弾丸や砲弾などは，戦闘の場において不発になっては困るが，品質を確認するためには実際に撃ってみるしかない．しかし，打ち終わった弾丸や砲弾を再び使用することは不可能だ．したがって，戦闘の場に送られるものとは別のものを用いて品質をチェックするしかない．そこで，一定の単位数（たとえば，一万とか十万とか）の製品をひとまとめにしておいて，そのなかから統計学的に十分な量，たとえば1,000個の製品を無作為抽出して破壊検査にかける．弾丸や砲弾なら，実際に試し打ちしてみる．そしてそのなかで，不良品の割合が5%未満なら，不発弾の率が低いので前線へ送るという判断をする．通常の商品であれば客からのクレームがあったとしても会社の信用を著しく損ねることはないと判断して出荷するという判断を下すことになる．このような場合であれば，**母集団と標本は実物として目の前にある**わけだから，非常に理解しやすい．前章で説明したモデルは，このような事例を基にしたものであり，まさに戦争中の武器弾薬の**品質管理**そのもののために考え出された

ものだった（**ネイマン＝ピアソン理論**）．

しかし，統計的検定および母集団と標本についての理論を生み出した**フィッシャー**の考え方は，全く違うものだった．まず，彼が考案した「**最尤法**（さいゆうほう）」は，通説のように「多数回の標本抽出と多数回の推測行為」を想定したものではなく，「一回きりの標本抽出による一回きりの推測行為」を想定したものであった．次に，彼の考えた母数の推定の手順は，「①母集団を想定し，②得られた標本をそこから抽出されたものと仮定し，③標本の特性から母集団の特徴を推測する」というものではなく，「①得られたデータを「もっとも得られやすかった標本」と考え，そのあとから②それが抽出されたであろう母集団を「構想」する」というものであった．フィッシャーにとって，母集団と標本は，**実体的**なものではなく**方法論的な概念**であった．彼によれば，母集団は「データを集約してそこからより一般的な結論を引き出すための方法論的な枠組み」であり，想定が適切でありさえすれば，標本に応じて母集団を変えても構わない．標本もまた方法論的な概念であるから，必ずしもはっきりとした母集団を必要としない．したがってこの考え方を用いれば，無作為抽出以外の方法によって得られたデータや全数調査によるデータも，全体としてユニークな標本とみなすことができ，それが一部分となるべき母集団（**仮説的無限母集団**）を後から想定することも可能である．そう，彼によれば，「いかなる数量的測定結果もしくはその形に直された質的データも，あり得べき諸々の値からなる仮説的無限母集団からの任意標本と解釈される」のである（**フィッシャー理論**）．

われわれが検定を行うとき，そこには必ず母数の確率的な推測というプロセスが入るのであるから，統計的検定を行う者はすべて，「この検定はどのような母集団を想定して行っているか」ということについて，明確に認識しておかなければならない．そのための基礎理論を構築したという意味においても，フィッシャー理論は今もなお，非常に重要な意

味をもっているといえるだろう．

2.3 区間推定の考え方（「確信区間」と「信頼区間」）

区間推定の考え方についても，ネイマンとフィッシャーでは本質的に異なる．ここでは，現時点でひろく使われており，また，感覚的に理解しやすい**頻度説**の立場を採るネイマンの考え方から紹介することにしたい．

さて，先に示したように，同じ母集団から際限なく標本抽出の作業を繰り返し，その平均値を取れば，標本平均の分布から母平均が 95% の確率で存在するであろう区間を導くことができる．そして，これらの諸区間のうち 95% は正しく真の母平均を含んでいるが，残りの 5% の区間の集合は真の母平均を含んでいないと考えることができる．ここで重要なのは，それぞれの標本から推定された区間が母平均を含んでいるか否かという事実であるから，この区間が母平均を含む確率が 95% であるという解釈はナンセンスであろう．

ネイマンはこのように考えた上で，$\alpha = 5\%$ と $1 - \alpha = 95\%$ を**頻度**として解釈し，$(1 - \alpha)$ の区間のことを**信頼区間**，$1 - \alpha = 0.95$ のことを**信頼係数**と名づけたのであった．（なお，ここで，正規分布において $(1 - \alpha) = 0.95$（95%）に対応する区間を平均値の両側に均等に割り振った場合，その区間が $\mu - 1.96\sigma$ と $\mu + 1.96\sigma$ の間になることは，先に触れた．）

これに対して，確率を**主観的**なものと解釈するフィッシャーは，ネイマンに先立って，全く異なる区間推定の論理を考えた．彼は，"統計量が**充足的**である場合に限って確率による推定も可能である" とした上で，「①まず，標本から**充足等計量** T の実現値 T_0 を得る．②この値を

用いて，母数 θ の**尤度関数**を決定する．③そして，この尤度関数において，ある指定された確率 $(1-\alpha)$ にあたる面積に対応する両端の**限界値** θ_1 と θ_2 を算出する」という方法により，$(1-\alpha)$ の確率で θ が存在する区間の両端 θ_1 と θ_2 を算出できると考えたのであった．彼にとって確率の概念（**確信確率**）は推定の確信度を示すものであり，この $(1-\alpha)$ は「母数がその区間にあるという確信の高さ（強さ）」を意味するものであったから，この区間は「**確信区間**」と名づけられた．

フィッシャー理論とネイマン理論の違いは，確率の解釈の違いによるものであって，両者の理論に客観的な優劣があるわけではないように思われる．しかし，今日では，ネイマン流の考え方と用語法が，広く用いられるようになっている．

2.4 統計的に「有意」とは？〜有意性検定の考え方〜

検定とは，事前に想定した母数（**統計的仮説**）が妥当であるかどうかを，標本から得られる**検定量**を用いて判断するという推定法である．この方法の基本的な手続きは，①母数を推定する，②標本から得られた値を，想定された母集団から無作為抽出された標本とみなして，その出現確率を求める，③これを，ある小さい確率水準と比べる，というものである．もしも標本値の出現確率が想定された小さな確率よりも小さい場合には，(a) まれにしか生じないはずの標本が奇跡的に得られたか，(b) その標本が当該母集団から抽出された標本ではないか，のいずれかであると考えられる．ここで，常識的には，(a) よりも (b) と考えるのが自然であるから，そのような場合には当初の仮説，すなわち「標本値が想定された母集団から抽出されたものである」という仮説が誤っていたの

だと判断し，これを捨てる．検定の基本的な論理は，たったこれだけである．

ただし，フィッシャーとネイマンでは，検定の理論についても，大きな違いがある．ここではまず，歴史的に先行するフィッシャーの考え方から紹介していくことにしよう．

フィッシャーは，検定を行う際に基準となる小さな確率水準（α）のことを「**有意水準**」と呼び，標本値より大きな値の出現確率がこれを下回る場合が出現することを，統計学的に「**有意（significant）な結果**」と呼んだ．

具体的な検定の手順を，次に示そう．フィッシャーによれば，検定はまず，①ある仮説と有意水準の下で，統計値の範囲を求める．次に，②標本から統計値を計算する．最後に，③標本から得られた統計値が①で求めた範囲のなかに入っている場合は，仮説を捨てる．この手順は，統計的検定すべてにおいて共通するものである．

ここで注意が必要なのは，有意な結果が得られなかった場合に関するフィッシャーの解釈である．フィッシャーは，検定によって有意な結果が得られなかった場合について，「とくに仮説を誤りとみなしうる根拠が得られなかったことを意味するだけで，仮説が正しいことを積極的に立証しているわけではない」，つまり，結果が**非有意**であったとしても，それは仮説が正しいことを積極的に意味しているわけではない，とした．彼によれば，**有意性検定**の役割はもっぱら「仮説を捨てる（**反証**）」ことにあり，それゆえ仮説は「捨てることを目的として」立てられる．フィッシャーはこのような理由から，「検定において捨てられるべく立てられた仮説」のことを，とくに「**帰無仮説**」と呼んだ．

さて，フィッシャーの検定論は，フィッシャー独自の**確率の解釈**に基づいている．

彼は，確率の一般的意味を，「ある事象の想定出現度数の極限値」と

する**度数説**を採り，対象の客観的な性質を表すものとみなした．しかしながら，推定と検定の場合の確率（確信区間や有意水準）については，一転して度数的解釈を破棄し，「合理的な確信（信念）の尺度」という**主観的な確率解釈**の立場を採っている．彼によれば，統計的推論の際の確率は主観的なものであって，度数ではあり得ない．しかしながらそれは，統計量の分布，すなわち度数的な事実に基づいてそこから引き出されるものなので，恣意的ではなく**合理的な信念（確信）の尺度**としての意味をもっているとされたのである．また，フィッシャーは，検定を行うにあたって，「有意水準をあらかじめ設定する」という発想をもっていなかった．彼にとって検定とは，あくまで母数の所在に関する推定法だったのであり，それゆえ有意水準は，事後的に上下されてしかるべきものと想定されていたからである．

フィッシャーの理論の成り立ちには，彼が勤務していた**ラザムステット農事試験場**という環境が影響していたのかもしれない．植物は栽培を始めてから収穫にいたるまで，数週間から数ヵ月の期間を要する．その間に行われる意思決定はそれほど頻繁なものではなく，そして，一回一回の意思決定が及ぼす影響はきわめて大きかったのではないか．それゆえ，彼の検定理論は，哲学的な深さを感じさせるものとして構想されたのではなかろうか．

これに対して，ネイマン＝ピアソンの検定理論は，大量生産の現場からの要請に応えるために構想された，**統計的品質管理**の方法論の延長線上にある．戦時下においては，大量の軍需物資を計画的に前線へと送らなければならない．大量の不良品が送られれば，戦闘に勝つことができなくなってしまう．しかし，品質管理にこだわりすぎると，前線は物資不足に陥り，戦闘不能状態に陥ることになる．戦争に勝つためには，これら2つの問題の解決が必要だった．ネイマン＝ピアソンの検定理論は，そうした時代背景の下で構想されたのである．

ネイマン=ピアソンの理論においては，仮説検定は「**統計的仮説**を機械的に**採択**か**棄却**に篩い分ける方法」にすぎない．かれらはまず，頻度説に基づく母数の確率分布において，$(1-\alpha)$ に対応する区間を「信頼区間」と名づけた．彼らにとって標本とは，無数に抽出されるものであり，母数の確率分布とは，心理的な確信を示すものではなく，実体をもつものだった．彼らは，意思決定には「正しい判断」か「誤った判断」の2種類しかなく，「90% は正しい」とか，「10% は疑わしい」といったあいまいな意思決定はありえないとした．こうした考え方の下では，$(1-\alpha)$ が 95% であるような区間は，とりもなおさず，「100 回の標本抽出を行い，採択棄却の意思決定を繰り返したときに，判断を誤る確率が 5% 程度であるような区間」ということになる．ここから，「その区間を参照して意思決定を行った場合に，α の数値に応じてその意思決定の正しさを信頼できるような区間」というほどの意味で，フィッシャーと異なる用語である「信頼区間」という言葉を用いたのであろう．

次に，ネイマン=ピアソンの理論における仮説検定の手順を示そう．
彼らの検定理論ではまず，

① 母集団特性値の数値を限定する＜統計的仮説＞として (a) 採択棄却の対象となる「**検定仮説**」と，(b) これが棄却されたときに採択される「**対立仮説**」を立てる．次に，

② モデルの示す手続きにしたがって，検定に用いる**統計量**を計算する．それから，

③ あらかじめ設定しておいた有意水準（α）に応じた $(1-\alpha)$ に対応する領域の両端の値（**限界値**）と，先に計算した統計量を比較する．

④ 標本から算出された統計量が有意水準に対応した限界値よりも**外側**にあれば，検定仮説を棄却し，対立仮説を採択する．統計量が限界値と等しいか限界値の**内側**にあれば，検定仮説を棄却し

ない.

彼らはこのような方法を用いることによって，意思決定を誤る確率を統計的に管理できる，と考えたのである.

2.5 検定結果の解釈で注意しなければならないこと～避けられない2種類の過誤～

意思決定の基準として用いられる有意水準には，5%，1%，そして0.1% という数字が用いられることが多いが，たとえば 5% という数字は，「同じ条件で意思決定を繰り返した場合に，誤った判断を下す確率が 20 回あたり 1 回未満となること」を意味している．この点だけを考慮すれば，判断の基準を厳しくすればするほど望ましい意思決定ができることになるが，現実はそれほど単純ではない．すなわち，有意水準を厳しく設定すれば，全く逆の問題が発生することが知られている．

さて，統計的検定は母集団の特性に関する確率的判断であるから，標本から得られた値に基づいて母集団の特性についての推測を行う場合には，常に 2 種類の誤り（**過誤**）が発生する可能性がある．ひとつは，「**検定仮説が正しい（真である）にもかかわらず，これを棄却してしまうという間違い（誤り）**」である．たとえば，有意水準を 5% に設定した場合と 0.1% に設定した場合を比較してみると，当然のことながら前者のほうが，この種の誤りを犯す可能性が高い．この種の誤りはとくに，「**第一種の過誤**」と呼ばれる．

いまひとつの誤りは，これとは正反対の，「**検定仮説が間違っている（偽である）にもかかわらず，これを棄却しないという間違い（誤り）**」である．これは，有意水準を厳しく設定するほど発生しやすくなる．この種の誤りは，「**第二種の過誤**」と呼ばれている．

そして困ったことに、これら2種類の過誤は、一方の発生確率を低く抑えれば、他方のそれが増大するという関係にあり、双方の発生確率を同時に減少させることはできない．したがって、統計的検定を行う場合には、これら2種類の過誤と有意水準のもつ意味を、慎重に考慮しておく必要があるだろう．

最後に、統計的意思決定における過誤の管理について言及しておこう．統計的意思決定においては、有意水準を設定することによって、**第一種の過誤は管理することができる**．しかし、**第二種の過誤については、管理する手段が存在しない**．このことを考慮すれば、統計的検定を行う場合には、管理可能な第一種の過誤に関する内容の方に、第二種の過誤に関する内容よりも、重要な仮説を設定すべきということになる．以下のページを読み進めていくなかで、本書で紹介する統計的検定の具体例においては、この基本原則が貫かれていることを、確認して理解していただければ幸いである．

以上、2つの検定理論について解説してきたが、客観的にみれば、フィッシャー理論とネイマン＝ピアソン理論は、一方が優れていて他方が劣っているという性格のものではない．今日では、ネイマン＝ピアソン流の検定理論が用いられることが多いが、検定の手続きにおいては、フィッシャーによる帰無仮説という用語が用いられることが多いように思われる．これは、検定仮説という言葉よりも、帰無仮説という言葉のほうが、検定で立てなければならない2つの仮説の関係を理解しやすいからであろう．

また、帰無仮説が棄却されなかった場合の意思決定のあり方については、「帰無仮説が棄却されなかったという事実は、対立仮説が正しいことを積極的に支持する根拠とはなりえない」として、単に「帰無仮説を棄却しない」というだけにとどめたフィッシャーの方が安全であるよう

に思われるが，読者の皆さんはどのように考えるだろうか．

　社会学は人間社会を研究する学問であって，人間は決して工業製品のように大量生産される性格のものではなく，社会は一度きりのかけがえのない人生を生きる人間たちによって構成されている．社会学を学ぶ読者諸君は，調査データの分析の過程で一つひとつの統計的意思決定を行っていく際に，その背景にある人間社会について社会学的想像力を発揮すると同時に，意思決定の重みを哲学的に認識しておくべきではないか．そして，そうしたことを行う際に，フィッシャーの検定理論は，今なお非常に大きな意味をもっているのではないか，と思う．

　歴史的に考えれば，第二次世界大戦中に考案された統計的品質管理により，大量の不良品を含んだ軍需物資が前線に送られた連合軍が，厳しい品質管理を行うことにより物資不足に陥った同盟軍に勝利したことは，皮肉な事実といえる．しかし一方で，現在にも残る不発弾問題は，統計的品質管理による意思決定にも責任があるわけで，ずさんな意思決定のツケを子や孫の世代が払わされていると考えることもできよう．統計的意思決定も万能ではなく，意思決定の誤りが大きな社会的損失を生むことがある．検定結果を基に意思決定を行う場合には，先行研究をサーベイし妥当性を検討すること，そして，当該調査のデータ以外の多方面からのデータを参考にして意思決定の内容を注意深く検討することが必要であり，そこまでの手順を踏んだ上でも，結論を出す際には十分に慎重でなければならない由縁である．

第3章 平均値の差の検定 I （大標本の場合）

3.1 ひとつの平均値の差の検定

　正規分布と関係する概念の整備が進み，統計的検定の理論が整備されると，これをデータの分析に活用しようという試みが行われるようになった．そのうちもっともシンプルなものは，薬の効果に関するテストであろう．ここではまず，統計的検定の基本的なパターンを理解するために，正規分布を用いて検定の考え方を説明することにしよう．

　最初に，ある会社で睡眠薬を使ったときに，その睡眠薬に薬効があるといえるか否かを確認する方法について，考えてみることにしよう．薬の効き目は人によって違いがあるから，できるだけ多くの人に協力してもらって，その人たちの睡眠延長時間を薬効の指標にすることにする．このとき，この実験に協力してくれた人が 500 人，試薬による睡眠延長の平均が 0.75 時間で，その標準偏差が 1.70 であったとする．この試薬には睡眠延長の効果があるといえるだろうか？

　このような場合にはまず，「この試薬には睡眠延長の効果が全くない」と仮定する．このように仮定すれば，この試薬によってもたらされる睡眠時間の延長はすべて「この実験でたまたま偶然に発生した誤差」とみなすことができるわけだ．誤差の出現確率は誤差分布（= 正規分布）にしたがうから，この仮定を用いることによって，われわれは正規分布を活用できるようになる．

第二に,「この試薬に効果がまったくないとしたら,この実験で得られたものより長い睡眠延長がどの程度の確率で発生するか」を計算する.ここで判断を求められているのは,睡眠延長の平均として 0.75 という数字が得られたときに,この試薬に薬効ありとして製造して売り出すべきか否かということである.そしてその際のポイントは,新しい睡眠薬として売り出す場合にその薬を買った何％の人からクレームが来るか,あるいはその薬が効果なしと判断され会社の評価が下がるリスクがどれくらいあるかを正確に推測することであろう.もちろん,ハードルを高くすればするほど,会社が信頼を失うリスクは小さくなるが,それは同時に薬の開発製造コストを引き上げ,会社の経営を圧迫することになる.したがって,このあたりの経営判断はとても難しい.

　しかし,正規分布を正しく活用することができれば,われわれはこのリスクをほぼ正確に「見積もる」(予測する)ことができる.次にその方法について説明することにしよう.

　まず,この薬を買ってくれることになる,すべての利用者からなる母集団を想定する.このように考えれば,試薬の実験に協力してくれた被験者は,この「想定しうるすべての利用者」のなかから「無作為」に抽出したサンプルとみなすことができる.

　次にこの実験から得られた数字が,500 人の被験者から得られたデータの平均値と標準偏差であることに注目する.先に学んだ中心極限定理によれば,母平均 μ(平均値 mean の頭文字 m にあたるギリシア文字で,「ミュー」と読む),母分散 σ^2 の正規分布とする大きさ n の標本の平均値は μ であり,標準偏差は $\frac{\sigma}{\sqrt{n}}$ になるはずである.そしてこのサンプルから得られた睡眠延長 0.75 時間は,「この試薬には薬効がない」という仮定のもとではたまたま偶然に生じた誤差ということになるから,これを $\frac{\sigma}{\sqrt{n}} = 0.0760$ で割ることによって,この値の標準正規分布上のスコ

ア $z = 9.87$ を得ることができる.

そして最後に（ここからがもっとも大切なのだが）,「この薬に薬効が全くない」という仮定のもとで, ここで算出された z よりも大きな値が出る確率 p を求め, その p の値により, 0.75 時間という数値に統計学的な意味があるか否かを評価する. もし p の値が十分に小さければ, 薬効が全くない場合にそのような z の値が得られる確率は, 非常に小さいということになる. これは, この薬を飲んで睡眠延長が全く得られないという人が発生する確率が, 非常に少ないと考えられることを示している. このような場合なら, この試薬を睡眠薬として市販しても製薬会社の信頼を損ねることはまずない, と考えてよいであろう.

なお, ここで重大な問題になるのは, その判断の基準となる有意水準の値をどのように定めるかである. この数値をどのように定めるかによって, 薬の製造にかかるコストと会社の社会的信用が大きく左右されることになるからだ. 大戦中アメリカの負傷兵に対して行われた新薬投与の経験などを経て, 最近の一般的な統計的判断では, このあたりの線引きの値には 0.05 が使われることが多いようである. そして会社がこの値を採用すると決めたとすれば, それはすなわち「20 人に 1 人未満の割合でなら, この睡眠薬が効かない人が発生しても, やむをえない」という経営判断をしたことになる. このあたり,「ある病気にかかった患者の死亡の確率」というものを考えること自体が, 医師の倫理に反するということで批判の対象になった 19 世紀とは, 生命倫理というよりもむしろ世界観自体が全く変わってしまっているという気がしてしまうが, 皆さんはどうお感じになるだろうか.

さて, 先の計算結果に基づいてこの薬の効果を評価しようとすると, 困ったことに, 通常の正規分布表には, $z = 9.87$ に対応する α 領域（標準正規分布における $Z = 0$ から $Z = 9.87$ までの面積で, 0 から 0.50 までの値をとる）の数値が記されていない. これは, 標準正規分布上で Z

が 9.87 より大きな数字をとる確率がほとんど 0 に等しいことを意味している．このような場合は，判断基準を明確に示すために，たとえば P の値が 0.01（つまり，α 領域が 0.490）であるような Z の値 2.33 を使えばよい．この数値を用いれば，「標本から得られた z の値は 9.87 で，正規分布の右側 1% 限界値 2.33 よりも大きい．この値は，睡眠薬に効果がない場合には 1% 未満の確率でしか出現しない値であり，それだけ出現確率が低い値が得られたからには，この薬に睡眠効果がないと考えるのは無理がありそうだ」との判断を下すことができるからである．

※正規分布を使った検定には，両側・右側・左側の 3 種類があるが，この例ではそもそも，「睡眠薬の中には睡眠を延長させる成分は入っていても，短縮させる成分は入っていない」ということがわかっているから，分布の左側を考える必要がない．したがって，分布の右側に 1% を集めればよいので，α 領域が 0.490 のときの Z（2.33）が 1% 有意水準に対応する限界値，α 領域が 0.450 のときの Z（1.64）が 5% 有意水準に対応する限界値となる．

3.2 検定の理論と手続き

ここで検定の理論と手続きについてまとめておくことにしよう．

神ならぬ不完全な存在としての人間には，どう努力しても不完全な情報しか集めることができない．しかし，その不完全な情報を基に判断を下さなければ物事を進めることができないわけで，ここに人間の意思決定の悩ましさがある．そうした悩みを解決する方法として「確率的判断」というものがあるわけで，そのポイントは「ほとんど起こりそうにない事象はこれを無視して絶対起こらない事象とみなす」ことにある．ただしそうはいっても，「世の中に絶対はない」のだから，予想が外れる確率もきちんと示した上で判断を下すわけで，ここのところが他の方

法と本質的に異なるところだ．

これらを踏まえた上で，統計的検定の具体的な手続きについて説明することにしよう．先の例について判断を行う場合，最初に行わなければならないのは，「正規分布を活用できるような形の仮説をつくること」である．この仮説は否定（統計的検定では，これをとくに「棄却」という）されることが期待される性質のものであるから，とくに「帰無仮説」と呼ばれている．2つの試薬の薬効の差の存在を確かめたいのであれば，帰無仮説は，

　帰無仮説 H_0：2つの試薬の薬効には差がない（＝薬効が等しい）

という形になる．このような仮説を立てることで，検定に正規分布を使えるようになる．次に，帰無仮説が棄却された際に採用（「採択（さいたく）という」）すべき仮説を立てる．事前に何らかの情報がないかぎり，A薬とB薬の差は＋と－の双方に発生する可能性があるから，対立仮説は，

　対立仮説 H_1：2つの試薬の薬効には差がある（＝薬効は等しくない）

という形になる．（このような対立仮説を用いた検定を，とくに「**両側検定**」という．）

ここで，帰無仮説の下で薬効差としてこの実験で得られた数値より大きな値が発生する確率が5％未満（$\alpha > 0.475$）または1％未満（$\alpha > 0.495$）である場合に，帰無仮説を棄却して対立仮説を採択すると決めておく（これは一般的な統計的検定において用いられる方法である）．こうしておけば，後は2つの平均値の差を符号付きで計算し，Z得点化した上で，正規分布表からこのzの値よりも大きな価が得られる確率を求めればよい．この値が左右の外側の面積和が0.01になる値（両側1％限界値）である± 2.575の外側にあれば，1％の有意水準（＝危険

率）で帰無仮説を棄却し，対立仮説を採択する（これは100回に1回未満という確率でこの判断が間違いである可能性があることを認めた上で，対立仮説を採用するという意味である）．また，左右の面積和が0.05になる値（両側5%限界値）である±1.96と±2.575の間にあれば，5%の有意水準（危険率）で帰無仮説を棄却し対立仮説を採択する．

両側検定の場合の検定の手続き

① 検定に先立って，両側検定を用いて検定を行う理由を書く

② 帰無仮説と対立仮説を書く

（例）　帰無仮説：2つの平均値は等しい

　　　対立仮説：2つの平均値は等しくない

③ 標本から算出された統計量zを，両側検定における5%および1%有意水準の限界値と比較する（必要に応じて，0.1%の限界値を用いてもよい）．

> ※市販されている統計パッケージのなかには，標本から算出されたzよりも大きな値が出現する確率（有意確率p）を，自動的に計算してくれるものもあるので，その場合はzの値と限界値を比較する手続きを省略してもよい．

④ $0.0005 > p$ならば，0.1%の有意水準で帰無仮説を棄却し対立仮説を採択する

　$0.005 > p \geqq 0.0005$ならば，1%の有意水準で帰無仮説を棄却し対立仮説を採択する

　$0.025 > p \geqq 0.005$ならば，5%の有意水準で帰無仮説を棄却し対立仮説を採択する

　$p \geqq 0.025$ならば，5%の有意水準でも帰無仮説を棄却できない

⑤ 可能であれば，④における検定結果について，専門的な立場からの知見を述べる

さて，仮に事前に一方の薬が他方の薬よりも薬効が大きいと信じるに足る十分な情報と確実な理論がある場合には，2つの薬効の差は常に片方にしか発生しないことは検定に先立って明らかであるから，検定にあたってマイナスの部分を考慮する必要はとくにない．したがって，このような場合の検定には，正規分布の右側だけを用いた検定を行えばよい．そして，右側の面積が0.01になるような1%限界値は2.33，右側の面積が0.05になるような5%限界値は1.64となる．あとは両側検定のときと同様に差のZ得点を計算し，この値が1.64より大きくしかも2.33以下であれば5%の有意水準で，2.33よりも大きければ1%水準で帰無仮説を棄却し，対立仮説を採択する．したがってこの場合には，一方の試薬の薬効の方が他方のそれに比べて有意に大きいと結論づけることができる（ここで「有意」とは，前述のとおり，「統計学的に考えて意味がある」ということである）．

片側検定の場合の検定の手続き

① 検定に先立って，片側検定を用いて検定を行う理由を書く

② 帰無仮説と対立仮説を書く

（例） 帰無仮説：2つの平均値は等しい

対立仮説：一方の平均値は他方の平均値よりも大きい

③ 標本から算出された統計量zを，片側検定における5%および1%有意水準の限界値と比較する（必要に応じて，0.1%の限界値を用いてもよい）．

※市販されている統計パッケージのなかには，標本から算出されたzよりも大きな値が出現する確率（有意確率p）を，自動的に計算してくれるものもあるので，その場合はzの値と限界値を比較する手続きを省略してもよい．

④ $0.001 > p$ ならば，0.1%の有意水準で帰無仮説を棄却し対立仮

説を採択する

$0.01 > p \geqq 0.001$ ならば，1% の有意水準で帰無仮説を棄却し対立仮説を採択する

$0.05 > p \geqq 0.01$ ならば，5% の有意水準で帰無仮説を棄却し対立仮説を採択する

$p \geqq 0.05$ ならば，5% の有意水準でも帰無仮説を棄却できない

⑤ 可能であれば，④における検定結果について，専門的な立場からの知見を述べる

ただし，z の値が1.64以下である場合には注意が必要である．なぜならこの場合には，「2つの平均値に差がない」という仮説が棄却できなかっただけであって，この検定の結果は帰無仮説を積極的に支持しているわけではないからである．つまり，帰無仮説が棄却できなかったことを根拠として，「2つの試薬の薬効に差はない」と判断するとすれば，それは明らかな誤りである．これは統計的検定の論理モデル（確率的帰謬法）がもっている本質的な特性であるから，とくにきちんと理解しておきたい．

なお，先に触れたように，確率的判断では常に，一つひとつの決定にいて「判断を誤る確率」について考えることができる．たとえば5%の有意水準で帰無仮説が棄却された場合であっても，帰無仮説が正しかった可能性が100分の5未満の確率で存在しているわけである．この，帰無仮説が正しいにもかかわらず，これを棄却してしまう誤りのことを「第一種の過誤」という．しかしこの誤りの可能性を減らすために有意水準を上げると，今度は帰無仮説が誤りであるのに，これが棄却されない確率が増すことになる．この種の誤りはとくに「第二種の過誤」と呼ばれる．そして，前述のとおり，神ならぬ人間にとっては，これら2つの確率を，同時に，減少させることはできないのである．

第3章 平均値の差の検定Ⅰ（大標本の場合） 41

すなわち，統計的検定は，確率論に基づいた判断の根拠を提供することはできるが，一つひとつの事柄について「正しい意思決定」を保障するものでは決してない．つまり，統計的検定を行ってもなお，われわれは「誤りを犯す確率」から自由ではなく，したがって，自らの意思決定に対しての責任を免れることはできないのである．数量化データの分析を行う者はすべて，このことを肝に銘じておく必要があるだろう．

3.3 2つの平均値の差の検定

さて，ひとつの平均値についての検定と，2つの平均値に対する検定では，統計的検定を行う際の具体的な手続きが若干異なる．次に，平均値の差の検定を例にして，この点について解説することにしよう．まず，2つの睡眠薬について，薬効の差があるか否かを調べる方法について，改めて整理しておくことにしたい．

いまA薬とB薬という2つの睡眠薬があり，それぞれ別の被験者を対象に薬効の実験を行い，次のような結果を得たものとする．

例） **A薬については被験者500人について約0.75時間の睡眠延長が認められ，データの標準偏差は1.70であった．これに対して，B薬については，被験者400人について平均2.33時間の睡眠延長が認められ，データの標準偏差は1.90であった．**

このとき，A薬とB薬に睡眠延長の効果の違いがあるといえるだろうか．

この場合，帰無仮説と対立仮説は，次のようになる．

　帰無仮説：A薬とB薬の睡眠延長の効果には，違いがない．
　対立仮説：A薬とB薬の睡眠延長の効果には，違いがある．

さて、ここでまず考えなければならないのは、平均値の差の出現確率がどのような確率分布にしたがうのかということである．また、上に示した帰無仮説は、A 薬と B 薬の薬効が同じであると仮定している．このような仮定の下では、A 薬の薬効を示すグラフと B 薬の薬効を示すグラフは、見かけ上は異なる分布をしていても、それは標本抽出の過程でたまたま生じた誤差に起因するものであって、2 つの標本が抽出された母集団の分布は、本当は全く同じものであるはずだ、ということになる．つまりこの仮定の下では、平均値や標準偏差の違いはたまたま偶然に発生したにすぎないものであり、したがって、平均値の差の出現確率は、誤差分布（＝正規分布）にしたがうものと考えられる．

次は、この平均値の差の確率分布の平均値と標準偏差が、どのような大きさになるかということについてである．2 つのサンプルの母集団は同一であると仮定しているので、平均値の差の期待値は当然 0 になる．また、この 2 つのサンプルは同一の母集団から独立しているので、母集団の標準偏差は各々の標本の分散の過重平均を用いて計算すればよい．したがって，

標本分散の加重平均の式

$$\sigma^2 = \frac{n_a \sigma_a^2 + n_b \sigma_b^2}{n_a + n_b} = \frac{500 \times 2.89 + 400 \times 3.61}{500 + 400} = 3.21,$$
$$\sigma = \sqrt{\sigma^2} = \sqrt{3.21} = 1.79$$

次に、2 つの平均値の差の標準偏差を計算することにしよう．独立した 2 つの標本平均の差の分散は、2 つの標本平均の分散を重み付けして足し合わせることによって求めることができるから、中心極限定理により，

2 つの平均値の差の分散の式

$$\frac{\sigma^2}{n_a} + \frac{\sigma^2}{n_b} = \left(\frac{1}{n_a} + \frac{1}{n_b}\right)\sigma^2 = \left(\frac{1}{500} + \frac{1}{400}\right) \times 3.21 = 0.0144$$

$$\sigma\sqrt{\frac{1}{n_a} + \frac{1}{n_b}} = \sqrt{0.0144} = 0.12$$

となる．そして，2 つの平均値の差を，この標準偏差で割ることにより，平均値の差の Z 得点を得ることができる．

2 つの平均値の差の Z 得点の式

$$Z = \frac{\mu_a - \mu_b}{\sigma\sqrt{\dfrac{1}{n_a} + \dfrac{1}{n_b}}} = \frac{0.75 - 2.33}{0.12} = -13.17$$

ここで，正規分布表をみると，正規分布における 5% と 1% の両側検定における限界値は 1.96 と 2.575 であることがわかる．そして，標本から得られた Z 得点の絶対値 13.17 が 1% の限界値よりも大きいので，1% の有意水準で帰無仮説を棄却し対立仮説を採択することができる．

このようなプロセスを踏むことにより，判断を誤る危険性を 1% 未満に抑えながら，2 つの睡眠薬の薬効には違いがあるとの判断を下すことができるのである．

3.4 この例における母集団と標本とは

さて，先ほどの睡眠薬の試薬の薬効の有無の検定の手続きを今一度見直してもらうと，将来この薬を買うであろう人の服用の機会のすべてを想定した上で，その際の薬効データの代表として実験協力者によるただ

一回の服用データを用いるという形になっていることがわかる．現実的に考えてみれば，あらゆる人のあらゆる状況におけるすべてのデータを将来にわたって集め，現時点でそれを活用することは不可能なのだから，それらすべての個体からなる母集団の特性を正しく反映していると思われるサンプルから得られたデータの特性を分析することによって，将来にわたってこの薬の服用によって生じるであろう膨大なデータの特性を確率論的に推測するよりほか方法がないのである．

先に言及したように，ここで触れた2種類のデータすなわち「あらゆる人のあらゆる状況におけるすべてのデータ」と「その特性を正しく反映していると思われるサンプル」にあたるもののことを，推測統計学ではそれぞれ「母集団（ぼしゅうだん）」および「標本（ひょうほん）」と呼んでいる．そして無作為抽出（ランダムサンプリング）とは，乱数表を用いて，母集団に含まれる個体すべてが全く同じ確率で選ばれるようにしながら行う，標本抽出の方法である．このような方法を用いることにより，確率統計の理論に基づいて，標本から得られた情報から母集団の状態を推測することが可能となる．

ただし，無作為抽出によって実現できるのは，あくまで確率統計の理論からの特性の保証にすぎない．このこともまた，正しく認識しておく必要がある．たとえば，先の睡眠薬の例における課題は睡眠延長時間であった．そしてこの本の読者の諸君はすでに，無作為抽出された標本の平均値の出現確率が中心極限定理で管理できることを知っている．中心極限定理によれば，「母集団の平均値がμ，標準偏差がσのとき，これから抽出された大きさのnの標本の平均値は平均値μ標準偏差$\frac{\sigma}{\sqrt{n}}$の正規分布にしたがう」．これは，母平均と標本平均との乖離が，確率論的には$\frac{\sigma}{\sqrt{n}}$（この値のことを，とくに**標準誤差**という）によって管理できることを意味しているが，これは同時に，標本は常に母集団の特性を，

常に正しく反映しているわけではないことをも意味している．統計的検定を行う際には，確率統計の理論の表面的理解だけでなく，その背後にある危うさまでをも，十分に認識しておきたいものである．

第4章 比率の差の検定

4.1 「母比率を推測する方法」とは

世論調査は有権者の意識を推し測るためのもっとも有効な手段であり，民意を反映させた政策内容を決定する上で，選挙と並ぶ重要な手段となる．本章ではまず，政策内容についての世論調査の架空例を使って，母集団における比率の大きさ（母比率）を推測する方法について考えてみることにしよう．

神奈川県川崎市は工業都市で有名だが，市域は広い．そして，市内の川崎区（臨海工業地区と官公庁）と多摩地区（農村地区と新興住宅地）において1973年に行われた調査のデータから，次のようなクロス集計表が得られたものとしよう．

表1 経済成長優先の政策がとられることに対する市民の態度

	川崎区	多摩区
賛成	32.30%	26.10%
反対	67.70%	73.90%
合計	136	203

出所）原・海野（2004：70）より作成

このとき，川崎区の32.3%と多摩区の26.1%という数字は，母集団の値をどの程度正確に反映していると考えられるだろうか．これは標本の値を基に考えた場合，母集団における比率がいくつからいくつの範囲にあると推測されるかという問題である（区間推定）．

まず，母比率をPとしたとき無作為抽出された大きさnの標本におけ

る比率 p の出現確率分布について考えてみることにしよう．この場合，母比率は P であるから，ここから取り出された大きさ n の標本における比率の期待値は P，標本の二項分布における分散は $\sigma^2 = \dfrac{P(1-P)}{n}$ となり，標準偏差 σ は $\sqrt{\dfrac{P(1-P)}{n}}$ となる．そして母比率 P の母集団から無作為抽出された大きさ n の標本における比率 p は，95% の確率で "$P - 1.96\sigma$" と "$P + 1.96\sigma$" の間にあると考えることができる．

そして重要なのは，標本比率 p が得られたときには，母集団の比率 P が 95% の確率で "$p - 1.96\sigma$" と "$p + 1.96\sigma$" の間にあると考えられるということである．ここでも正規分布を有効活用することによって，標本から得られた情報をもとに，母集団の状態を確率理論によって推測することができるのである．そしてこの式からわかるのは，標本に基づく母比率の推定の精度を上げるためには "$p - 1.96\sigma$" から "$p + 1.96\sigma$" までの幅をなるべく小さくすればよいということである．ここで，母分散の推定値は $\sigma^2 = \dfrac{p(1-p)}{n}$ であるから，σ^2 の値を小さくするには，単純に，n の値を十分大きくすればよいということがわかる．このことから，標本の規模を大きくするほど，母比率の推定の精度が増すということを，具体的に理解することができよう．

最後に，2 つの区における賛成者の母比率の 95% 信頼区間を計算しておこう．

川崎区は，分散 σ^2 が $\dfrac{0.323 \times (1 - 0.323)}{136} = 0.00161$．標準偏差 σ はその平方根だから 0.0401 となる．したがって，95% 信頼区間は，$32.3 + 1.96 \times 4$ と $32.3 - 1.96 \times 4$ の間，すなわち，40.1% と 24.5% の間ということになる．

これに対して，多摩区の分散は，$\dfrac{0.261 \times (1 - 0.261)}{203} = 0.00095$，標準偏差は 0.031 となるので，95% 信頼区間は $26.1 + 1.96 \times 3.1$ と $26.1 - 1.96 \times 3.1$ の間，すなわち，32.2% と 20.0% の間ということに

なる．

4.2 標本規模の決定方法

次に，4.1 で示した信頼区間の算出法をもとにして，適切な標本規模を決定する方法を導き出すことにしよう．

社会調査では標本から得られたデータをもとに母集団の状態を推測するのだから，たとえば標本比率と母比率のように，母集団の特性値と標本から得られた値とが常に必ず一致するとは，考えることができない．しかしながら，先に触れたネイマン＝ピアソンの理論を用いれば，同様の方法で何回も標本抽出を繰り返したものと仮定することにより，母集団の特性値と標本から得られた値との乖離を，確率を用いて管理することはできる．

そして，大きさ N の母集団の特性を適切に反映する標本の規模 n は，①**有限修正項**を用いれば，標本の平均値の出現確率の標準偏差が，

$$\sqrt{\frac{N-n}{N-1} \cdot \frac{\sigma^2}{n}}$$

で表せること，そして②中心極限定理により，平均値の出現確率分布は正規分布に近く，正規分布では平均値を中心とした 4σ の幅の間に，ほぼ 95% の領域が含まれること（正確には 3.92σ）から，次の式で求めることができる（ε は E にあたるギリシア文字で，「エプシロン」と読む．下の式における ε は，許容できる誤差の最大値を意味している．）．

$$n \geqq \frac{1}{\dfrac{\varepsilon^2}{4\sigma^2} \cdot \left(1 - \dfrac{1}{N}\right) + \dfrac{1}{N}}$$

これは，「母集団の大きさ N と母分散 σ^2 がわかっている場合には，**許容誤差** ε を設定した上で，上の不等式の右辺の値を求め，単純無作為

抽出の標本規模 n をそれより大きくとれば，95% 以上の確率で誤差を許容範囲内に収めることができる」ことを意味している．一般的に母分散の値を予め知ることはできないので，以前の調査結果を参考にするとか，予備調査を行って推定するという方法がとられる．ただし比率の推定の場合は，p を 2 分の 1 と仮定すれば，推測に含まれる誤差を最大に見積もったことになるので，もっとも安全であるとされている．

なお，N が十分に大きな規模の時には，n を求める式は，

$$n \geqq \frac{4\sigma^2}{\varepsilon^2}$$

という形に簡略化してもかまわない．

たとえば，ある大学の学生総数が 4 万人として，そのなかである意見に賛成と反対の比率を推定しようとしているものとしよう．ここで仮に，信頼度を 95%，誤差の範囲を 10%（0.10）以内にしたいのであれば，

$$n \geqq \frac{1}{\dfrac{0.10^2}{4 \times 0.5^2} \cdot \left(1 - \dfrac{1}{40000}\right) + \dfrac{1}{40000}}$$

$$\geqq \frac{1}{0.01 \times \dfrac{39999}{40000} + \dfrac{1}{40000}}$$

$$\fallingdotseq 99.7531$$

より，100 以上の規模の標本が必要ということになる．

また，もしも推定値の誤差を 5%（0.05）以内におさえたいのであれば，

$$n \geqq \frac{1}{\dfrac{0.05^2}{4 \times 0.5^2} \cdot \left(1 - \dfrac{1}{40000}\right) + \dfrac{1}{40000}}$$

$$= \frac{1}{0.0025 \times \dfrac{39999}{40000} + \dfrac{1}{40000}}$$

$$= 396.0494$$

となり，397 人以上の規模の標本が必要となる．

さらに，推定値の誤差を 1%（0.01）以内におさえたいということであれば，

$$n \geqq \frac{1}{\frac{0.01^2}{4 \times 0.5^2} \cdot \left(1 - \frac{1}{40000}\right) + \frac{1}{40000}}$$

$$\geqq \frac{1}{0.0001 \times \frac{39999}{40000} + \frac{1}{4000}}$$

$$\fallingdotseq 8000.1600$$

となり，976 人以上の規模の標本が必要となる．

このことから，推定の精度や推定の信頼度を上げるためには，標本の規模を大きくすればよいことがわかるだろう．

ただし，推定値の誤差を 1%（0.01）にしたままで，母集団の規模が一億になった場合に必要な標本規模は，

$$n \geqq \frac{1}{\frac{0.01^2}{4 \times 0.05^2} \cdot \left(1 - \frac{1}{10000000}\right) + \frac{1}{10000000}}$$

$$= \frac{1}{0.0001 \times \frac{1}{10000000} + \frac{1}{10000000}}$$

$$= 9999.0002$$

となり，母集団が 4 万のときと大差がない．このことから十分に大きな母集団の場合には母集団の規模は標本の大きさにほとんど影響しないことがわかる．

なお，$p = 0.5$ の場合，許容誤差 ε のいくつかの値に対応する標本規模を示せば，以下のようになる．

表 2　必要な標本数（$p = 0.5$ の場合）

許容誤差	20%	10%	5%	2%	1%
標本数	25	100	400	2500	10,000

出所）鈴木・高橋（1991：61）より作成

※実際の調査では，調査拒否や調査不能の対象者が発生することが想定され，また，分析の過程では，後に説明するクロス集計やエラボレーションなどを行うことになるので，最終的な標本規模は，それらを考慮して設定することが望ましい．

4.3 2つの比率の差の検定

さて今度は，世論調査や意識調査の結果を評価分析するもっとも簡単な方法として，2つの比率の差の有無を調べる方法について考えてみることにしよう．統計学的に考えた場合，4.1で提示された調査結果の表を根拠に，「川崎区の住民の方が経済成長論者が多い」と結論づけることができるだろうか．

ここでは検証したい仮説が「一方の方が大きい」という形なので，検定方法には右側検定を用いることになる．帰無仮説・対立仮説は，次のような形になる．

帰無仮説：川崎区の住民における経済成長論者の比率は，多摩区のそれと等しい

対立仮説：川崎区の住民における経済成長論者の比率は，多摩区のそれよりも大きい

さて，この場合はまず，「2つの地区における経済成長論者の比率は等しい」すなわち「差はない」と仮定する．このように考えれば，川崎区と多摩区のデータは同じ母集団から抽出された異なる規模の標本とみなすことができる．ただし，注意しなくてはならないのは，ここで確かめたいのが比率の差であって平均値の差ではないということである．それはこの検定に，t分布を用いることができないことを意味している．

たとえば，コインを10回投げて表が5回出たとき，われわれはその

コインを投げれば2分の1の確率で表が出るものと考える．そしてこの値をもとにしてコインを10回投げたときに表が出る比率の確率分布（二項分布）を想定する．こうしたモデルを用いることにより，川崎区における136人の標本のなかに経済成長優先政策に賛成の人が32.3%いるという結果から，一人ひとりの川崎区民が経済成長論者である確率が32.3%であると想定し，区民全体から無作為抽出して得られた$n = 136$の標本における成長論者の比率の出現確率が，$P = 32.3$, $N = 136$の二項分布にしたがうものと考えることができる．

そして二項分布には，$P < 0.5$で$NP > 10$のとき正規分布で近似できるという特徴がある．さらに，この正規分布の平均値μは期待値NPに等しく，分散σ^2は$NP(1-P)$，したがって標準偏差σは$\sqrt{NP(1-P)}$となることが知られている．この特性を使えば，二項分布上の値を標準正規分布上のスコアに変換することが可能である．

さて，ここでわれわれが知りたいのは，2つの独立した標本から得られた比率に差があるか否かであるから，まずは比率の分布について考えてみることにしよう．この分布の平均値はもちろん母比率Pである．そして分散はσ^2は$np(1-p)$をn^2で割って$\frac{p(1-p)}{n}$，標準偏差はその平方根となる．これを用いて，2つの比率の差の確率分布の標準偏差を計算するのである．

ここまで準備しておいてから，2つの地区から得られたデータにおいて，比率の差が存在するか否かについて考えてみることにしよう．まず2つの比率の間には差がないと仮定する．これは具体的には，2つの標本を同一の母集団から抽出されたものとみなすことを意味している．そうすれば，2つの比率の差は標本抽出のプロセスにおいて偶然に発生した誤差と考えられることになる．この差は，比率の差の出現確率分布の標準偏差を用いてZ得点化することができるので，正規分布表を用いると，このzよりも大きな値が得られる確率を求めることにより，zの

値が偶然得られたにすぎないといえるかどうかを判断することができる．つまり z の値が無視できないほど大きく p の値が 0.05 未満あるいは 0.01 未満ならば，2 つの標本が同一の母集団から抽出されたと考えることには無理がある．すなわち，比率の差をたまたま偶然生じたものとみなすことはできない，と考えることができるのである．

さて，ここで 2 つの母集団における比率が等しいとき，それぞれの母集団から抽出された標本の比率の差 $d = p_1 - p_2$ の生起確率は，平均値 0 の正規分布にしたがい，分散 $\sigma^2_{(d)}$ は次の式で計算できることが知られている．

$$\sigma_d^2 = \frac{N_1 - n}{N_1 - 1} \cdot \frac{p_1(1-p_1)}{n_1} + \frac{N_2 - n}{N_2 - 1} \cdot \frac{p_2(1-p_2)}{n_2}$$

したがってこれを用いて，d の Z 得点を計算する式は，

$$Z(d) = \frac{d}{\sqrt{\sigma_d^2}}$$

となる．

ここで最終的に求められていることは，「川崎区の方が経済論者が多いといえるか」ということであるから，検定にあたっては川崎区における賛成者の比率から多摩区における賛成者の比率を引いて得られた比率の差を用い，先に紹介した右側検定を用いる必要がある．この比率の差の値から得られた z より大きな値の出現確率 p が 0.05 あるいは 0.01 未満ならば，5% の有意水準あるいは 1% の有意水準で「2 つの区における経済成長論者の比率には差がない」という帰無仮説が棄却され，「川崎区の比率の方が大きい」という対立仮説が採択されることになる．

さて，この例の場合，比率の差の分散は，先の公式で有限修正項を 1 とみなして，

$$\sigma_d^2 = \frac{(323/1000)(1-323/1000)}{136} + \frac{(261/1000)(1-261/1000)}{203}$$
$$= \frac{0.22}{136} + \frac{0.19}{203} = 0.0026$$

次に d の z 得点を計算すると，

$$Z(d) = \frac{d}{\sqrt{\sigma^2_d}} = \frac{0.323 - 0.261}{\sqrt{0.0026}} = \frac{0.062}{0.051} = 1.22$$

こうして得られた z の値に対応する p の値は 0.11123 であり，0.05 よりも大きいので，5% の有意水準でも帰無仮説を棄却することができない．

したがって，この検定結果からは，多摩区よりも川崎区の方が経済成長論者の住民に閉める割合が大きいと結論づけることはできない，ということになる．

※賢明な読者諸君にはすでにお気づきのことだと思うが，本章 4.1 で導き出した 2 つの地区における母比率の信頼区間からも，これと同様の結論を導き出すことができる．4.1 で算出した 2 つの信頼区間は，その一部が互いに重なり合っていた．これは，標本比率では大きく離れているようにみえる両者の比率が，母集団においては一致している可能性があることを示すものである．それゆえ，この調査結果からは，両者の母比率が異なるとか，あるいは一方の母比率のほうが大きいという結論を導くことはできないのである．

4.4 一組の標本における比率の差の検定

米国の大統領選挙に限らず，選挙ではさまざまな候補者が立候補するが，誰がどれだけ得票し当選するかによって，政策の内容が大きく変化し，それによってビジネスチャンスのあり方も変わってくるから，選挙結果の予想が社会的に大きな関心を集めるのは当然のことである．ただし，選挙では一人の有権者が同時に 2 人の候補者に票を入れることはできないので，一方の獲得票の増加は他方の票の減少に直結するという性質をもっている．つまりこの場合これらの比率は「独立」ではない．ここでは先の集計結果をもとに，このような条件のもとで，一方の比率が

他方よりも多いといえるかどうかを確かめる方法について，考えてみることにしよう．

さて，川崎区民から136人を無作為抽出して世論調査を行い，回答のあったものについて集計を行ったところ，次のような結果を得たものとしよう（表1参照）．

> 川崎区：経済成長優先政策に賛成 32.3%，反対 67.7%，
> 　　　　計 100%（136）

このとき反対の人が賛成の人よりも，多いといえるだろうか．

さて，このような場合にも，最初に「2つの比率の間に差はない＝2つの比率は等しい」と仮定するのは同じである．ただし今度は一方の比率の増加が他方の減少をもたらす性質をもっているため，これによる影響を必要十分な形で組み込んでおかなければならない．たとえば，一方の比率が1%増加すれば，他方の比率が1%減少することになるが，これは一方における1%の比率の変化が，合計2%分の比率の差をもたらすことを意味している．つまり「一組の標本における比率の差」の出現確率の分布は「独立した標本における比率の差」のそれに比べて，より大きな分散をもつと考えなければならない．

以下では，このような場合の検定方法を理解するために，ある標本について集計を行い，下のような分布比率が得られたときに，任意のカテゴリー i と j の比率 p_i と p_j の差が存在するか否かを検定する方法について考えてみることにしよう．

表3　複数の選択肢と各々の比率

カテゴリー	1	2	$\cdots$	i	$\cdots$	j	$\cdots$	k
比率	p_1	p_2		p_i		p_j		p_k

ここで注意しなければならないのは，この場合，比率の総計が1にな

るという条件があるため，各比率は相互に独立ではないということである．ただし，このような条件下においても，

$$d = p_i - p_j$$

の標本分布は，正規分布で近似できることが知られている．また，このとき，2つの標本比率 p_i と p_j の差は，母集団における d のもっとも良い推定値となる．すなわち，

$$E(d) = p_i - p_j$$

が成立するのである．

次に d の標本分布の分散だが，この推定値は，2つの比率の関連を最大に見積もって，

$$\sigma_d^2 = \frac{n-1}{N-1} \cdot \frac{1}{n}\{p_i(1-p_i) + p_j(1-p_j)\} + \frac{n-1}{N-1} \cdot \frac{1}{n}2p_ip_j$$

となる．ここでも N が n に比べて十分に大きければ，この式を，

$$\sigma_d^2 = \frac{1}{n}\{p_i(1-p_i) + p_j(1-p_j) + 2p_ip_j\}$$

と変形できる．

ここで2つの比率に差がない，つまり $p_i = p_j$ と仮定すれば，

$$E(d) = p_i - p_j = 0$$

となるので，d の生起確率は平均値 $\mu = 0$ の正規分布にしたがうと考えられる．次に d の標本分布の分散について考えると，先のような仮定から，分散 $\sigma_{(d)}^2$ の値は，

$$\begin{aligned}\sigma_d^2 &= \frac{1}{n}\{p_i(1-p_i) + p_i(1-p_i) + 2p_ip_i\} \\ &= \frac{1}{n}\{p_i - p_i^2 + p_i - p_i^2 + 2p_ip_i\} \\ &= \frac{2}{n}p_i \quad \left(= \frac{2}{n}p_j\right)\end{aligned}$$

となるはずである．ただし，母集団における比率（母比率）は未知なの

で，比率の差の検定においては，$\dfrac{p_i + p_j}{2}$ で代用する．

こうして比率の差の分散から標準偏差を計算できれば，一組の標本における比率の差の Z 得点を計算することができる．

あとの手続きは，「独立した 2 つの標本における比率の差の検定」と同じである．確かめたいことは，「反対の人が賛成の人より多いといえるか」ということであるから，検定方法は右側検定である．

さて，先の集計表において $p_1 = p_2$ であれば，

$$\sigma_d^2 = \dfrac{2}{n} p_1 = \dfrac{2}{n} p_2 = \dfrac{2}{n} \cdot \dfrac{p_1 + p_2}{2} = \dfrac{0.323 + 0.677}{136} = \dfrac{1}{136} = 0.00735$$

したがって，標準偏差は

$$\sigma_d = \sqrt{\sigma_d^2} = 0.086$$

次に，2 つの比率の差の値は，

$$d = 0.677 - 0.323 = 0.354$$

これを σ の値で割ると，

$$z = 0.354 \div 0.086 = 4.116$$

ここでデータから計算された z の 4.116 に対応する p の値は 0.00002 であり，0.001 よりも小さい．このことから，2 つの比率が等しいという仮定の下でこのように大きな z の値が得られる確率は 1000 分の 1 未満と考えることができる．

このことから，0.1% の有意水準（危険率）で，2 つの比率が等しいという帰無仮説が棄却され，対立仮説が採択される．このような手続きを踏むことにより，判断を誤る危険性を 0.1% 未満に抑えながら，「川崎区においては，経済成長優先政策に賛成する人よりも，反対する人の比率の方が大きい」という判断を下すことができるのである．

第5章 平均値の差の検定 II（小標本の場合）

5.1 小標本理論とは―不偏分散と自由度―

さて，小標本から母数を推測する上でもっとも重要なことは，「標本の規模が小さい場合には，標本抽出時に発生する誤差の大きさのもつ意味が，大標本の場合とは比べ物にならないくらい重要である」ということである．中心極限定理によれば，正規母集団の平均値を μ，分散を σ^2 とした場合，標本平均の分布は平均値 μ，分散 $\dfrac{\sigma^2}{n}$ の正規分布にしたがう．したがって同じ母集団から無作為抽出された標本平均の分散の値は，n が小さいほど大きくなる．つまり，標本抽出時には，標本内部のデータのばらつきと標本抽出時に発生する誤差（この場合は母平均と標本平均の差）が同時に発生し，両者の大きさは中心極限定理によって確率論的に推測することができる．中心極限定理によれば標本平均の出現確率分布における標準偏差は $\dfrac{\sigma}{\sqrt{n}}$ だから，標本平均の値は母平均よりも大きい場合と小さい場合の両方がありうる．ただし，**分散や偏差平方和**は常に正の値を取るから，ここでは正の方向に乖離した場合について考えることにしよう．するとこの場合には，われわれが知りたいのは，標本内部のデータの分散ではなく，母集団における分散であるのに対し，われわれが標本から得る偏差平方和は母集団におけるそれよりも，確率論的に考えて「一回り」小さいものであることがわかる．次に，この「一回り」というのがどんな量なのかを考えてみると，中心極限定理

によれば，確率論的に考えて，標本平均は母平均に対して $\frac{\sigma}{\sqrt{n}}$ だけずれると考えられるから，標本内部の偏差平方和は，$n\sigma^2$ から σ^2 を減じた値，すなわち $(n-1)\sigma^2$ と見積もるのが適当ということになる．したがって，この値を標本規模 n で割ると，母集団における分散の大きさを若干小さめに見積もってしまうことになり，判断を誤る危険を正しく管理することができない．この誤りを修正するためには，偏差平方和を n から 1 を減じた値，すなわち $(n-1)$ で割ればよい．これが，スチューデントの編み出した工夫であった．

標本における偏差平方和を $(n-1)$ で割ることにより得られた値は，母分散についての偏りのない推定値という意味で，とくに**不偏分散**と呼ばれ，s^2 という記号で表記されることが多い．（この $(n-1)$ の値は，とくに「**自由度**（degree of freedom）」と呼ばれる）ただし，この値の平方根 s には特別な呼称はなく，単純に標準偏差と呼ばれることが多いから，注意が必要である．

5.2　小標本の平均値の確率分布とは　　　ーースチューデントの t 分布ーー

スチューデントの方法では，n が小さければそれに対応して母数を推定する際の危険を多く見積もり，n が大きければその危険を小さく見積もって s の値を算出するのだから，n の大きさに応じて標本平均の確率分布の形は微妙に変化することになる．そしてこの，「n が十分に大きい（$n > 120$）ときには正規分布とほぼ同じ形状となるものの，n が小さくなるにしたがって両裾の広がりが次第に大きくなる」ような母平均の推定値の確率分布は，とくに t 分布と呼ばれている（考案者の名前を冠して，「スチューデントの t 分布」と呼ばれることもある）．また，母平均

と標本平均の差を $\frac{s}{\sqrt{n}}$ で割って得られる値は，とくに t 値と呼ばれている．

スチューデントの t 分布の形状は自由度の大きさに応じて変化するから，95% の区間推定の幅も自由度に応じて変化する．したがって，小標本をもとに母平均の区間推定を行う場合には，自由度に応じて限界値を整理した表，すなわち **t 分布表**を活用する必要がある．わずかなデータをもとに母集団の特性を推測する場合には，十分な規模のデータが入手できる場合と比較して，より慎重であらねばならないということである．

小標本に基づく母集団特性の推測が本質的に避けられない誤差の扱いについては，母比率が未知の場合における比率の仮設定の方法（誤差を最大限に見積もって母比率を設定する方法）や，比率の差の検定における有限修正項の使用（母集団と標本の規模を示す値を用いて適当な誤差を検定モデルに組み込む方法）など，さまざまな手法が考案され，使用されている．しかしながら，そうした手段を用いてもなお，小標本から母集団の特性を推測することには，大標本の場合とは異なる危険が常につきまとうのであるから，データ分析の結果を評価する際には，十分に慎重でありたいものである．

5.3　ひとつの平均値の差の検定（小標本の場合）

まずは，小標本のデータに対して平均値の差の検定を行う方法について，解説していくことにしたい．小標本を用いて母集団の特性を推測したり，平均値の差の検定を行ったりする場合には，正規分布ではなく，さきに紹介した t 分布を用いなければならないことに注意しよう．

さて，こんどはある製薬会社が睡眠薬の試薬を開発し，10 人の被験者を対象に薬効のテストを行い，次のデータを得たものとする．

表4 睡眠薬による睡眠時間延長

1	2	3	4	5	6	7	8	9	10
+0.7	−1.6	−0.2	−1.2	−0.1	+3.4	+3.7	+0.8	0.0	+2.0

このときの睡眠時間延長は,先の例と同じく平均 0.75 時間で,標準偏差も,同じく 1.70 になる.では,この実験データから,この試薬に薬効があるということができるだろうか.

まず,帰無仮説と対立仮説を立てる.標本の規模が小さくても,帰無仮説と対立仮説の立て方は全く同じだから,

帰無仮説 H_0:この睡眠薬には,薬効がない
対立仮説 H_1:この睡眠薬には,薬効がある

となる.

次に,小標本における平均値の差の出現確率分布は,正規分布では近似できない t 分布によって推測しなければならないので,検定においては Z ではなく t の値を計算しなければならない.そこでまず,不偏分散 s^2 を計算すると,

$$s^2 = \frac{n\sigma^2}{(n-1)} = (10 \times 1.70) \div 9 = 1.89$$

したがって,標本の標準偏差は,

$$s = \sqrt{1.89} = 1.37$$

次に,平均値を $\frac{s}{\sqrt{n}}$ で割ると,

$$t = \frac{\mu}{(s/\sqrt{n})} = \frac{0.75}{(1.37/\sqrt{10})} = 1.73$$

ここで自由度(この場合は標本規模から 1 を引いて得られる値)9 の t 分布における片側 5% 限界値と 1% 限界値を t 分布表で調べると,1.833 と 2.821 であることがわかる.

最後に,標本から得られた t の値とこれらの値を比較すると,標本か

ら得られた t の値は 5% 限界値 1.833 よりも小さいので，5% の有意水準でも帰無仮説を棄却することができない．したがってこの場合には，睡眠薬に薬効があるということはできないことになる．

ただし，現在市販されている統計パッケージソフトには，データに基づく t の値を計算した後，データの自由度に応じた t 分布において，標本から得られた t の値よりも外側にある値の出現確率を計算してくれるものがある．こうしたソフトを使えば，t 分布表から有意水準に応じた限界値を調べる必要はとくにない．上の例では，$t = 1.73$ に応じた右側確率が 0.0588 となるが，これは 0.05 よりも大きいので，5% の有意水準でも帰無仮説を棄却できないということになる．

このようなプロセスを踏むことにより，小標本の場合においても，t 分布を用いることによって，判断を誤る確率を統計的に管理しながら，「睡眠薬の試薬に薬効があるか否か」を判断することができるのである．

5.4　2つの平均値の差の検定（小標本の場合）

さて次に，小標本データをもとに，2つの睡眠薬の薬効を比較する場合について考えてみることにしよう．

2つの睡眠薬の試薬を作成し，それぞれ 10 人の被験者を用いてその効果を試したところ，次のようなデータが得られたものとする．

表5　2種類の睡眠薬による睡眠時間延長

	1	2	3	4	5	6	7	8	9	10
A 薬	+0.7	−1.6	−0.2	−1.2	−0.1	+3.4	+3.7	+0.8	0.0	+2.0
B 薬	+1.9	+0.8	+1.1	+0.1	−0.1	+4.4	+5.5	+1.6	+4.6	+3.4

ここで A 薬の平均値は 0.75 時間，標準偏差は 1.70 であり，B 薬の平均値は 2.33 時間，標準偏差は 1.90 であった．このとき，A 薬よりも B

薬の方が睡眠延長効果が大きいといえるだろうか．

さて，この場合の注意点は，①それぞれの標本の母分散の推定値 s_a^2, s_b^2 を計算する際に，n_a, n_b の代わりに $(n_a - 1)$, $(n_b - 1)$ を用いること，②これら 2 つの不偏分散を用いて 2 つの平均値の差の分散を推定する際には，$(n_a + n_b)$ ではなく $(n_a + n_b - 2)$ を用いること，だけである．

これら 2 つの計算式も，中心極限定理に基づいている．

次に，この場合の帰無仮説・対立仮説は，

　帰無仮説：A 薬と B 薬の睡眠延長効果には，違いがない
　対立仮説：A 薬よりも B 薬の方が，睡眠延長の効果が大きい

となる．

そして，ここで検証したいことは「B 薬の方が薬効が高いといえるか」ということであるから，検定方法は片側検定を用いなければならない．

検定ではまず，母集団の標準偏差を推定する．先に示した帰無仮説の下では，A 薬の標本と B 薬の標本の母集団が同一であると仮定されているから，母分散の推定には，2 つの標本の分散の加重平均を用いればよい．

$$s_a^2 = \frac{1.7 \times 10}{10 - 1} = 1.89$$

$$s_b^2 = \frac{1.9 \times 10}{10 - 1} = 2.11$$

$$s^2 = \frac{[(n_a - 1)s_a^2 + (n_b - 1)s_b^2]}{n_a + n_b - 2}$$

$$= \frac{[(10 - 1) \times 1.89 + (10 - 1) \times 2.11]}{10 + 10 - 2} = 2$$

$$s = \sqrt{s^2} = \sqrt{2} = 1.4141356$$

これにより，平均値の差の t の値を計算すると，

$$t = \frac{\mu_a - \mu_b}{s\sqrt{\dfrac{1}{n_a} + \dfrac{1}{n_b}}} = \frac{0.75 - 2.33}{1.41 \times \sqrt{\dfrac{1}{10} + \dfrac{1}{10}}} = \frac{-1.58}{1.41 \times 0.45} = -2.49$$

ここで自由度（ここでは $na + nb - 2$）18 の t 分布における，右側 5% の有意水準の限界値と 1% の有意水準の限界値を t 分布表で調べると，1.734 と 2.552 であることがわかる．

標本から得られた t の値とこれらの値を比較すると，t の値の絶対値は 5% 限界値よりも大きく，しかも 1% 限界値以下なので，5% の有意水準で帰無仮説が棄却され，対立仮説が採択される．このことから，A 薬よりも B 薬の方が，睡眠延長の効果が高いと結論づけることができる．

ただし，先に述べたように，現在市販されている統計パッケージソフトには，データに基づいて t を計算した後，データの自由度に応じた t 分布において，標本から得られた t よりも外側にある値の出現確率を計算してくれるものがある．こうしたソフトを使えば，t 分布表から有意水準に応じた限界値を調べる必要は，とくにないといってよいだろう．上の例では，$t = 2.49$ に応じた右側確率が 0.0114 となるが，これは 0.01 以上 0.05 未満なので，5% の有意水準で帰無仮説を棄却できるということになる．

このようなプロセスを踏むことにより，判断を誤る確率を 5% 未満に抑えながら，「A 薬よりも B 薬の方が薬効が高い」という判断を下すことができるのである．

喫茶室

「スチューデントとはどのような人だったのか」

さて,皆さんは「ギネス社」と聞いて,何を思い浮かべるだろうか.そう,大抵の方は,毎年発行の世界記録集『ギネスブック』の版元としてのイメージが強いかもしれないが,そもそもこの会社は,苦味のあるスタウトビールの醸造元であった.19世紀の終り頃,この会社の経営者は醸造の伝統技術を合理化し,また醸造に必要な未加工の原料の生産方法を改良するため,科学の利用の可能性を探り始めていた.そして,そのために雇われた技術者のうち,もっとも数学に堪能だったのが,小標本論の創始者とされるゴセット(William Sealy Gosset)だった.

醸造の過程では,多くの要因を表現する変数が独立ではなく,互いに係わり合い,正の相関をもって全体が変化している.さらに醸造という仕事は,材料が環境により変わりやすく,温度の変化に敏感で,必然的に小標本,少量のデータに頼るしかなかった.そこでゴセットは,会社に1年間の研究休暇を申請し,ピアソンの下で小標本論(精密標本論)に取り組むことになる.

彼は自分の論文を「スチューデント」という筆名(ペンネーム)で発表したが,これは,社員が研究成果を発表するのを好まないギネスの重役たちの意向を斟酌して,師ピアソンが示唆したからだといわれる.彼の論文の素晴らしさと,スチューデントというペンネームのつつましさは,業績競争に血眼になる研究者たちを,とてもすがすがしい気持ちにさせたようである.これこそ,スチューデントがロマンチックな人物と評されるもっとも大きな理由であると思われるが,なかなか粋な人物であったことは間違いないようだ.

第6章 χ^2 分布とその応用

6.1 χ^2（カイ二乗）検定とは

　世の中には，量で測ったり，順位をつけたりすることは適切ではないが，さまざまな判断基準を設定したとき質的に明らかに異なると判断できるものが多々存在する．たとえば，性別や国籍，宗教などの違いは，その人の考え方や行動を大きく左右する要因であると考えられるが，それ自体に優劣がつけられる類のものではない．このように，質的な違いを測る尺度をとくに**名義尺度**といい，この尺度で測定されたデータのことを**カテゴリカル・データ**という．そして名義尺度以上の**測定水準**で測定された2つの変数が確率論的に独立であるといえるか否かを検証することによって，二変数の間に何らかの関係性が存在するか否かを間接的に検証する方法の一つに，χ^2**（カイ二乗）検定**がある．ここで，**プリコード式**の調査項目において名義尺度以上の測定水準で測定されたデータとは事実上すべてのデータのことを意味しているので，χ^2 検定はあらゆるクロス集計表の分析に適用することができる．

　では，値の大きさにも値の並びにも特別の意味をもたないカテゴリカル・データ同士の関係の有無は，どのような論理で判断するのか．その原理を理解するためには，確率論の基礎知識である**乗法定理**が必要となる．わかりやすい例として，2つのコインを投げた場合，一方のコイン（これをコインAとしよう）と他方のコイン（こちらはコインBとする）の裏表の組み合わせについて考えてみることにしよう．仮に2枚の

コインの表が出る確率が等しく2分の1であるとすれば，コイン A の結果とコイン B の結果は互いに独立なので，2枚のコインを400回ずつ投げたときに2枚とも表であるケースの数は，理論的には先の2つの確率を乗じて得られた数に試行回数を掛けて得られる値，すなわち $\frac{1}{2} \times \frac{1}{2} \times 400 = 100$ となる．もちろんこの数値は理論値（期待値）であって，実際の確率は大なり小なりこの値とは違う値になるが，2つの変数が独立である限り，極端に大きく異なることはないものと考えることができよう．

そこでクロス集計表のそれぞれのセルについて，2つの変数が独立であるという仮定の下で理論値（≒期待値）と実現値（≒観測値）の乖離の大きさを計算して，各セルの期待値に対応する二項分布を用いて各々のセルにおける乖離の値の z 得点を計算すれば，それらの出現確率は，当該セルの比率 p と期待値 np が $p < 0.5$，$np > 5$ の条件を満たしていれば，標準正規分布にしたがうものと考えられる．次に，それらの Z 得点を二乗し足し合わせれば，そうして得られた値の出現確率は χ^2 分布と呼ばれる確率分布にしたがうことが知られている．χ^2 分布は，t 分布や F 分布と同様，自由度に応じて変化する確率分布であり，有意水準に対応する限界値の値も自由度ごとに異なるものとなる．なお，χ^2 値は次式で定義される．

$$\chi^2 = z_1^2 + z_2^2 + z_3^2 + z_4^2 + z_5^2 + z_6^2 + \cdots$$

さて，二変数が互いに独立であれば，それぞれのセルの値は期待値に近いものになると思われるので，標本から得られる χ^2 の値は小さなものとなるはずである．しかしながら，二変数が独立でない場合には，χ^2 の値は非常に大きくなり，したがって，クロス集計表の自由度に対応する χ^2 分布においてこれ以上の数値が出現する確率 p は，とても小さなものになるであろう．

χ^2 検定は，互いに独立な 2 つの変数によって構成されるクロス集計表における，各セルの値のこのような性質を利用して，「**二変数は独立である**」という帰無仮説を棄却できるか否かを検証することにより，間接的に，二変数の間に**統計的に有意な関係**が存在するか否かを検証しようとするものである．

ただし，本来の χ^2 分布は，互いに独立な z 得点の二乗和に基づいて計算されるものであるのに対し，クロス集計表においてはすべてのセルの値が独立であるわけではない．さらに，ピアソンの時代にはまだ電子計算機など存在せず，複雑な計算を数多く正確にこなしていくことは困難であったから，比較的容易に算出でき，かつ，帰無仮説のもとでの出現確率を χ^2 分布に近似できるような統計量を工夫する必要があった．しかし，クロス集計表のセルの数を先に示した χ^2 値を求める z 得点の式に置き換えただけでは，ピアソンによって考案された統計量を χ^2 分布に近似させることができなかったので，ここでもピアソンはうまい工夫を考え出した．それはすなわち，「χ^2 値を求める式に用いる z 得点の数」を「クロス集計表の自由度」で代用するという方法だった．

こうした努力と工夫によって，今日われわれが用いることのできる χ^2 検定の手法が確立されたのであり，この手法によって初めて，名義尺度以上の測定水準によって計測された変数同士の独立性についての統計的検定が，可能になったのである．

6.2 カイ二乗検定の統計モデル

ここでは，ピアソンによって考案された χ^2 統計量を中心に，検定のモデルについて解説することにしよう．

クロス集計表に用いられている 2 つの変数が完全に独立であるなら

ば，一つひとつの**セル**の期待値 $\widehat{f_{ij}}$ （エフ・アイ・ジェイ・ハットと読む．「ハット」は推定値の意）は，i 行目の周辺度数（行合計）$f_{i\cdot}$（エフ・アイ・ドット）と j 列目の周辺度数（列合計）$f_{\cdot j}$（エフ・ドット・ジェイ），および標本規模 n を用いた，次の式で求めることができる．

$$\widehat{f_{ij}} = \frac{(f_{i\cdot}) \times (f_{\cdot j})}{n}$$

したがって，各セルの観測値と上の式で計算された期待値の差は，二変数が独立であるという仮定の下での各セルの理論値からの，それぞれのセルの観測値の乖離の度合いを示すものと考えることができる．

次に，標本の大きさに影響されないような形でクロス集計表全体の乖離の大きさを指標化するために，各セルについて計算されたこの値を二乗した上で，それぞれのセルの期待値で割る．クロス表のすべてのセルについて計算されたこの値を合計した値は，とくに χ^2 値と呼ばれている．この値は，観測値をもとに作成されたクロス集計表が全体として，二変数が完全に独立であるという状態から，どれだけかけ離れているかを示す量と解釈することができる．

行変数の選択肢の数を R，列変数の選択肢の数を C としたとき，χ^2 値は，次の式で定義される．

$$\chi^2 = \sum_{i=1}^{R} \sum_{j=1}^{C} \frac{(f_{ij} - \widehat{f_{ij}})^2}{\widehat{f_{ij}}}$$

先に触れたとおり，二変数が独立であるような母集団から無作為抽出された標本における χ^2 値の出現確率分布は，χ^2 分布と呼ばれている．上の式からすぐにわかるように，クロス集計表の規模が変われば，それに応じて足し合わせる数値の個数も変わるため，χ^2 分布の形状もまた変化する．そのため，χ^2 分布表には，さまざまな規模の**クロス集計表の自由度**（$(R-1) \times (C-1)$ の値）に対応する χ^2 分布における，5% や 1% および 0.1% 等の有意水準に対応した限界値が，整理・収録されて

いる．

ただし，今日市販されている統計パッケージには，クロス集計表の自由度に対応した χ^2 分布において，クロス集計表から得られた χ^2 値以上の値が出現する確率 p を，自動的に出力する機能を備えたものがある．このような統計ソフトを用いれば，比較的簡単に，各々の有意水準に応じた有意性検定を行うことができるだろう．

※ χ^2 検定が意味をもつためには，期待度数が 5 以下のセルが全体の 20% 以下で，かつ期待度数が 1 以下のセルがあってはならないことが，経験的に知られている．クロス表がこの条件を満たさない場合は，厳密に考えれば，セルの統合などの操作を行って，クロス集計表の各セルの値を，先の条件を満たすようにしておかなければならない．

6.3 検定の手続き

次に，χ^2 検定の一般的な手順を示すことにしよう．

① 帰無仮説と対立仮説を立てる

　　帰無仮説：2 つの変数の間には，何の関係性も存在しない

　　　（二変数は独立である）

　　対立仮説：2 つの変数の間には，何らかの関係性が存在する

　　　（二変数は独立ではない）

② 標本に基づいて計算された検定量 χ^2 値よりも大きな値の χ^2 分布における生起確率 p と，予め設定しておいた有意水準の値（一般的に，5%，1%，0.1% が用いられることが多い）とを比較する．

③ 仮に $0.001 > p$ ならば，0.1% の有意水準で帰無仮説を棄却し，対立仮説を採択する．

　$0.01 > p \geqq 0.001$ ならば，1% の有意水準で帰無仮説を棄却し，対立仮説を採択する．

　$0.05 > p \geqq 0.01$ ならば，5% の有意水準で帰無仮説を棄却し，対

立仮説を採択する．

$p \geqq 0.05$ ならば，5% の有意水準でも帰無仮説を棄却できない．

④ 帰無仮説が棄却された場合には，可能であればさらに，専門領域の知見に基づいた所見を加える．

6.4 例題による解説

学歴と主閲覧紙の関係について調査したところ，次のような結果を得たとする．このとき，学歴と主閲覧紙の種類との間に，何らかの関係があるといえるかどうかについて，χ^2 検定により検証してみることにしよう．

表 6 学歴と主閲覧紙との関係

	朝日新聞	読売新聞	日本経済新聞	合計
高校卒	39	49	7	95
短大高専・専門学校卒	20	25	3	48
大学大学院卒	46	34	18	98
合計	105	108	28	241

出所）島崎哲彦（2002）

① まず，帰無仮説と対立仮説を立てる．

帰無仮説：学歴と主閲覧紙の間には，何の関係も存在しない
（二変数は独立である）

対立仮説：学歴と主閲覧紙の間には，何らかの関係が存在する
（二変数は独立ではない）

② 次に，このクロス集計表の χ^2 値を確認する．

→ 集計ソフトによる出力から，この場合の χ^2 値は，10.719 であることがわかる．

③ この 2 つの変数が独立である時に，このクロス集計表の自由度 4

に応じた χ^2 分布において,このクロス集計表から計算された χ^2 値より大きな値が得られる確率 p の値を調べると,0.02991 であることがわかる.

④ この場合,$0.05 > p \geqq 0.01$ なので,5% の有意水準で帰無仮説を棄却し,対立仮説を採択する.

⑤ 学歴と主閲覧紙の間には,何らかの関係が存在するものと推測される,と結論づける.

6.5 ハバーマンの残差検定とは

χ^2 検定は,単に2つの変数が独立であるか否かを検証する手法であるから,仮に帰無仮説が棄却されたとしても,その2つの変数の間にどのような関係があるかということまでは,明らかにすることができない.このような場合に,クロス集計表のどのセルのどのような影響によって χ^2 検定の有意差が出たのかを知る方法のひとつとして,ハバーマンの残差検定がある.この検定を行うことにより,クロス集計表における2つの変数間の関係の状態について,間接的に推測することが可能となる.

カテゴリカル・データ同士のクロス集計表は,数値自体にもセルの並びにも特別な意味はないので,それぞれのセルの状態を独立して考察する必要がある.そして χ^2 検定のモデルでは,二変数が独立であると仮定してそれぞれのセルの理論値を計算し,これと実測値との乖離を計算するというプロセスを踏んだ.ここでそれぞれのセルの数値についての出現確率分布について改めて考えてみることにすれば,たとえば2つのコインを 400 回投げる場合,ともに表であるケースの数の生起確率は確率 $p = \dfrac{1}{4}$,試行回数 $n = 400$ の二項分布で近似することができる.こ

の分布の平均値は $m = \frac{1}{4} \times 400 = 100$, 分散は $\sigma^2 = 400 \times \frac{1}{4} \times \frac{3}{4} = 75$ なので，この二項分布は，平均値 100, 標準偏差 $5\sqrt{3}$ の正規分布で近似することができる．この性質をうまく利用して理論値と実測値の乖離を Z 得点とみなせるような数値に変換できれば，その数値をもとに各々のセルの理論値と実測値の乖離の度合いを評価することが可能となる．

　非常に単純化すれば，このようなことなのだが，これを具体的な標本から得られたクロス集計表に適用しようとする際には，乖離の数値を Z 得点と同様の特性を持った数値へと変換するための計算式を定式化する必要がある．この条件をクリアして指標の実用化を行ったのは**ハバーマン**であり，上記のようなモデルに基づく残差の検定法は，とくにハバーマンの残差検定と呼ばれている．

6.6　ハバーマンの残差検定の検定量の求め方

　まずは，各セルの観測度数（n_{ij}）と期待度数（E_{ij}）の差を，各セルの期待度数の平方根で割る．こうして得られた値は「**標準化された残差**」と呼ばれ，e_{ij} で表される．

$$e_{ij} = \frac{(n_{ij} - E_{ij})}{\sqrt{E_{ij}}}$$

　次に，一つひとつのセルについて，二変数が独立な母集団から無作為抽出された標本から計算された e_{ij} の，生起確率分布の分散 ν_{ij}（ν はギリシア語の N．ニュー・アイ・ジェイと読む）の推定値を計算する．

$$\nu_{ij} = \left(1 - \frac{f_{i\cdot}}{N}\right)\left(1 - \frac{f_{\cdot j}}{N}\right)$$

　最後に，e_{ij} を ν_{ij} の平方根で割ることによって，各セルについて，標準化された残差の Z 得点 d_{ij} を計算する．この値はとくに，「**調整され**

た残差」と呼ばれている．

$$d_{ij} = \frac{e_{ij}}{\sqrt{\nu_{ij}}}$$

こうして得られた d_{ij} の出現確率は，平均値 0，標準偏差 1 の標準正規分布にしたがう．この d_{ij} 性質を利用することにより，各セルの観測値について，標準正規分布の性質を利用した評価を行うことができる．各セルの残差は，＋ と − 両方の値を取る可能性があるので，d_{ij} の有意性の検定には両側検定を用いる．したがって，5% 限界値には ±1.96，1% 限界値には ±2.575（あるいは 2.58）が用いられる．

6.7 検定の手続き

① それぞれのセルについて，「調整された残差」の値を計算する．
② それぞれのセルの調整された残差の値の絶対値が 1.96 よりも大きければ，セルの数値のすぐ後ろに ＋ または − の記号をひとつ，2.575 よりも大きければ ＋ または − の記号を 2 つ書き入れ，クロス集計表のどのセルが期待値から有意に離れているか，その方向性は ＋ と − のいずれかが一覧できるようにする．
③ クロス集計表全体に，傾向が存在するか否かを概観し，その確認を推測できるようであればそれを指摘する．クロス集計表全体の傾向が認められない場合には，有意差を示しているセルについて個別に言及する．
④ 可能ならば残差検定の結果について，さらに専門領域の知見に基づいた所見を加える．

最後に，例題から得られたハバーマンの残差検定の結果を示そう．
ハバーマンの残差検定の結果をみると，クロス集計表全体について明確な傾向があるとまではいえないが，高卒の人には読売新聞の読者が多

表7 例題から計算された「調整された残差」をもとに作成したクロス表

	朝日新聞	読売新聞	日本経済新聞
高校卒	−0.64	1.7	−1.66
短大・高専・専門学校卒	−0.3	1.13	−1.3
大学・大学院卒	0.87	−2.62	2.71

表8 例題の集計結果と「調整された残差」を集約して作成したクロス表

	朝日新聞	読売新聞	日本経済新聞	合計
高校卒	39	49＋	7−	95
短大・高専・専門学校卒	20	25	3	48
大学・大学院卒	46	34−−	18＋＋	98
合計	105	108	28	241

く日経新聞の読者が少ないこと,および,大学・大学院卒の人には読売新聞の読者が少なく日経新聞の読者が多いことがわかる．

おわりに

　そもそも推計統計学とは何なのか，どういう理論なのか，どういう経緯で社会的に用いられるようになってきたのか，その信憑性は何によってどのように担保されているのか．そして何より，文系人間としての自分は，この領域についてどの程度の知識をどこまで理解すれば納得できるものなのか．それこそ私が，学生時代から抱いてきた問いであった．

　本書では統計学について，従来の教科書にありがちな数学的アプローチだけでなく，社会思想史的なアプローチや哲学的なアプローチも行い，それぞれが互いに関連していることをもイメージできるようにしている．本来大学の講義は，同じ内容についてさまざまな視点や立場からの解釈を聞いて，学生が自分の頭の中で自分の理解を組み立てることを前提としていたように思う．しかし，最近では，教育の効率化という大義名分のもと，学生自身がそうしたプロセスを体験する機会が失われている．本書は，そうした現代の高等教育にみられる風潮に対する，ささやかな抵抗でもある．学生諸君には，本書を楽しく読み，自分なりの理解を組み立てる楽しみを体験していただければ幸いである．

　教育の現場では，教員には決められた時間内に技術を習得させることが，学生には試験で点数がとれる答案が書けることが，研究者には分析結果について正しい判断をしていることを周りに示すことが，求められる．そういった実用性を重視する読者諸君のために，本書では統計的検定の結果についてどの数値をどのように読むか，そして，分析結果についての表現をどのように書けばよいかということについての雛形を，できるだけ汎用性のある形で記載した．

　本書が，読者諸君の勉学の助けになることを祈っている．

2008 年 3 月　　　　　　　　　　　　　　　　　　　　　　天野　徹

〈参考文献〉

天野徹，1999『文系学生のための社会統計学のたしなみ』学文社
天野徹，2002『統計学の想像力――覚束ない未来のために――』ハーベスト社
天野徹，2006『社会統計学へのアプローチ』ミネルヴァ書房
島崎哲彦，2002『社会調査の実際〔第二版〕――統計調査の方法とデータの分析』学文社
鈴木達三・高橋宏一，1991『標本抽出の計画と方法』放送大学教育振興会
ハッキング，イアン著（石田英樹・重田園江訳），1999『偶然を飼いならす』木鐸社
原純輔・海野道郎，1984『社会調査演習』東京大学出版会
原純輔・海野道郎，2004『社会調査演習〔第 2 版〕』東京大学出版会
吉田忠，1974『統計学――思想史的接近による序説』同文舘

早稲田社会学ブックレット出版企画について

　社会主義思想を背景に社会再組織化を目指す学問の場として1903年に結成された早稲田社会学会は，戦時統制下で衰退を余儀なくされる．戦後日本の復興期に新たに自由な気風のもとで「早大社会学会」が設立され，戦後日本社会学の発展に貢献すべく希望をもってその活動を開始した．爾来，同学会は，戦後の急激な社会変動を経験するなかで，地道な実証研究，社会学理論研究の両面において，早稲田大学をはじめ多くの大学で活躍する社会学者を多数輩出してきた．1990年に，門戸を広げるべく，改めて「早稲田社会学会」という名称のもとに再組織されるが，その歴史は戦後に限定しても悠に半世紀を超える．

　新世紀に入りほぼ10年を迎えようとする今日，社会の液状化，個人化，グローバリゼーションなど，社会の存立条件や社会学それ自体の枠組みについての根底からの問い直しを迫る事態が生じている一方，地道なデータ収集と分析に基づきつつ豊かな社会学的想像力を必要とする理論化作業，社会問題へのより実践的なかかわりへの要請も強まっている．

　早稲田社会学ブックレットは，意欲的な取り組みを続ける早稲田社会学会の会員が中心となり，以上のような今日の社会学の現状と背景を見据え，「社会学のポテンシャル」「現代社会学のトピックス」「社会調査のリテラシー」の3つを柱として，今日の社会学についての斬新な観点を提示しつつ，社会学的なものの見方と研究方法，今後の課題などについて実践的な視点からわかりやすく解説することを目指すシリーズとして企画された．多くの大学生，行政，一般の人びとに広く読んでいただけるものとなることを念じている．

2008年2月10日

早稲田社会学ブックレット編集委員会

天野　徹（あまのとおる）1963年福岡生まれ．現職：明星大学人文学部教授
東京都立大学大学院博士課程単位取得中退
　専攻：都市社会学・社会情報学・社会統計学
　主な著者
『大都市高齢者と盛り場―とげぬき地蔵をつくる人びと―』（共著）日本評論社，1993／『テキスト社会学―現代社会の理解と認識のために―』（共著）ミネルヴァ書房，1999／『統計学の想像力―覚束ない未来のために―』（単著）ハーベスト社，2002／『社会統計学へのアプローチ―思想と方法―』（単著）ミネルヴァ書房，2006